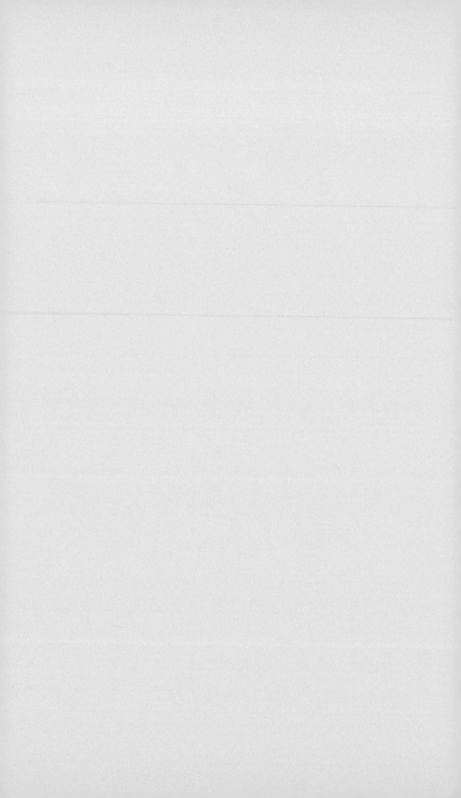

절대
틀리면 안 되는
맞춤법 100

맞춤법 하나가 당신의
이미지를 결정한다

절대 틀리면
~~안 돼는~~ 안 되는
맞춤법
100

'되다-돼다',
'로서-로써'도
모르는 사람과
일하고 싶지는 않아!

김남미 지음

빌리버튼 billy button

머리말

맞춤법은 중요하다?!

맞춤법의 중요성에 대해서는 의견이 갈린다. 어떤 사람은 맞춤법은 그리 중요한 것이 아니라고 한다. (글쓰기 학계의 공통 의견이기도 하다.) 이는 맞춤법 같은 건 아무래도 상관없다는 뜻이 아니라 맞춤법보다 중요한 것이 있다는 뜻이다. 글쓰기에서든 발표에서든 가장 중요한 것은 '말하고자 하는 바'와 이를 '어떻게 말하는가', 즉 '주제'와 '구조'다. 맞춤법이 글의 주제나 구조보다 중요한가? 아니다. 글이든 말이든 가장 중요한 것은 말하고자 하는 바 그 자체다.

이렇게 말하는 사람들은 우리가 생각보다 맞춤법을 틀리지 않는다고 주장한다. 근거는 두 가지다. 첫째는 맞춤법 오류 사례를 유형별로 나눠 따져 보면 맞춤법 오류가 잦다기보다는 비슷한 유형의 맞춤법을 계속 틀릴 뿐이다. 따라서 자주 틀리는 맞춤법 유형을 파악하기만 하면 고치는 것은 생각보다 쉽다. 둘째는 맞춤법을 틀리는 이유가 시간이 부족하기 때문이라고 보는 것이다. 늘 마감에 임박해 급하게 글을 쓰기 때문에 미처 교정할 틈이 없어서 맞춤법을 틀린다는 것. 이 경우 퇴고할 시간을 미리 마련해 두면 문제가 자연스럽게 해결되리라 믿는다.

반면 맞춤법의 중요성을 강조하는 사람도 많다. 잠시 인터넷으로 기사만 검색해 보아도 세간이 우리말의 훼손에 대한 걱정으로 가득한 것을 확인할 수 있다.

왜 이렇게 의견이 갈릴까? 사실 두 의견은 같은 내용이다. 모두 맞춤법을 지키는 것이 당연하고 옳다고 믿고 있기 때문이다. 맞춤법은 법이니 적어도 공식적인 상황에서는 반드시 준수해야 한다. 다만 전자는 글쓰기나 발표를 통해 중요한 문제를 계속 다루다 보면 맞춤법을 자연스럽게 익히게 된다고 생각하는 것뿐이다. 신호를 지키거나 길거리에 쓰레기를 버리지 않는 등의 사소한 행동이 삶에서 가장 중요한 일이라

말하기는 어렵지만, 삶을 위해 당연히 지켜야 하는 일이라는 데에는 의심할 여지가 없다.

그런데 현실에서 만나는 맞춤법 오류는 기본이 중요하다고 믿는 사람들을 절망하게 한다.

✓ 그들이 **야밤도주**를 한 것은 **않** 중요한 **일예요**.
　　　 ↳ 야반도주　↳ 안　↳ 일이에요

이런 오류는 16차선에서 무단횡단을 하는 것과 같다. 이렇게 오류가 많은 문장을 쓰는 사람을 보면 '이 사람에게 공식적인 일을 맡기기는 어렵겠다', '중요한 일을 함께할 수는 없겠다'라는 생각이 든다. 급해서 오자를 수정하지 못했을 수도 있지만, 사정을 모르고 글을 읽는 입장에서는 존중받지 못했다는 생각이나 신뢰할 수 없는 사람이라는 생각이 들 수도 있다.

그러니 글을 통해 무엇을 전달하고자 한다면 기본 규칙을 준수해야 한다. 특히 공식적인 상황, 예의를 지켜야 할 상황이라면 더욱 그러하다. 이러한 상식에 익숙해져야 한다. 이 책은 그 기본에 익숙해지는 방법을 공유하기 위해 쓰였다.

내 머릿속 장치 이해

언어학자 놈 촘스키Noam Chomsky는 우리 머릿속에 언어에 대한 장치가 있다고 말했다. 단순 비유가 아니다. 인간이 언어를 사용하는 힘은 놀랍다. 다섯 살짜리 아이조차 한국어 조사와 어미를 능수능란하게 사용하고 있지 않은가? 같은 시대에 한국어를 사용하는 우리들의 언어 장치에는 현대 우리말의 언어 질서가 반영되어 있다. 그 덕에 따로 배우지 않아도 능란하게 우리말을 할 수 있는 것이다.

맞춤법을 공부할 때 제일 좋은 방법은 머릿속 언어적 질서를 발견하는 것이다. 이 방법이 어렵다면 맞춤법 총칙으로 풀어보자. 한글 맞춤법 총칙은 우리가 맞춤법을 공부할 때 단서가 되어 준다.

• 한글 맞춤법 제1장 총칙
제1항 한글 맞춤법은 ① <u>표준어를</u> ② <u>소리대로 적되,</u> ③ <u>어법</u>에 맞도록 함을 원칙으로 한다.

맞춤법을 제대로 알기 위해서는 표준어의 소리와 어법, 즉 문법을 이해해야 한다. ① 때문에 스스로 '표준어' 사용자가 맞는지 걱정할 필요는 없다. 여러분이 어느 지역에서 나고 자라 어떤 방언을 사용하든 어릴 때부터 학교, 미디어 등에서 표준어를 배워 왔기 때문이다. ③의 '어법'은 앞서 말한 머릿속 언어 장치의 질서, 즉 한국어 문법이다.

맞춤법을 공부한다는 것은 표준어의 소리와 표기 원리를 배우는 것이고, 그것이 바로 문법이다. 우리말 문법은 전적으로 머릿속 장치의 질서를 따른다. 그러니까 일상에서 이미 잘 쓰고 있다는 뜻이다. 무의식적으로 사용해 온 이 질서를 인식 안으로 끌어들이는 일, 이것이 맞춤법 공부다.

문법이라고 하면 괜히 거부감이 들 수도 있다. 문법을 완전히 이해하는 것은 물론 쉬운 일은 아니다. 하지만 우리가 그 어려운 문법을 거의 매 순간 사용하고 있다는 점을 생각하면, 문법도 그렇게 무시무시하게 느껴지지 않는다. 늘 사용하는 언어를 궁금해하고, 그것을 사용하는 힘을 발견하는 일, 그것이 맞춤법 공부다. 미처 몰랐던 나의 능력을 발견하는 일이라니. 설레지 않는가?

함께 생각하기

맞춤법을 제대로 공부하기 위해서는 '함께 생각하기'를 염두에 두어야 한다. 언어는 어떤 경우에도 혼자 존재하지 않는다. 그것이 음절이든 단어든 문장이든 마찬가지다. 쓰이지 않은 단어와의 관계까지 함께 생각해야 맞춤법을 제대로 이해할 수 있다.

예를 들어 '날으는'과 '나는'의 구분이 어려울 때 무작정 '나는'이 맞는 표기라고 외우는 것이 맞춤법 공부가 아니다. 이해하지 못하고 외우기만 하면 금방 잊게 된다. '날으는'과 '나는'이 혼동된다면 지금 눈앞에 있는 사물 중 그 단어와 관련된 것이 없는지 생각해 보자. 궁금한 것이 동사, 형용사라면 먼저 '나는'의 기본형 '날다'를 떠올리자. 그리고 '날다'와 비슷한 모양을 가진 기본형을 나열해 보자.

• **날다**

> **동사:** 갈다, 걸다, 굴다, 깔다, 끌다, 날다, 널다, 놀다, 달다, 돌다, 들다, 떨다, 말다, 물다, 빌다, 벌다, 불다, 빨다, 살다, 썰다, 쓸다, 알다, 얼다, 열다, 울다, 일다, 절다, 졸다, 털다, 틀다, 팔다, 풀다, 힐다

형용사: 길다, 달다, 멀다, 설다, 질다, 여물다, 가늘다,

가물다, 거칠다, 낯설다, 둥글다, 모질다, 어질다

이 단어들은 '날다-날으는'과 같은 질서로 움직이지 않는다. '갈다-가는(동사)', '길다-긴(형용사)'와 같이 'ㄴ' 앞에서 'ㄹ'을 탈락시킨다. 이것이 대다수 동사, 형용사가 갖는 규칙이다.

맞춤법은 '날다'라는 단어 하나만을 보고 정하는 것이 아니다. 국어에서 '날다'와 같은 모양을 가지는 무수한 단어의 질서를 반영하여 정하는 것이다. 그리고 함께 움직이는 것들을 떠올려 발음을 확인하는 것만으로도 우리는 그 질서를 읽어낼 수 있다.

원리 생각하기

'원리 생각하기'도 중요하다. 맞춤법에도 중요한 것과 그렇지 않은 것이 있는데, 그 중요성을 판단하는 것도 필요한 과정이다. 예를 들어 '안 돼'와 '안 되'를 구분하는 것은 중요하다. 여기에는 우리말의 중요한 구조에 대한 논의가 담겨 있기 때문이다. 한국어는

조사와 어미가 발달한 언어다. 다시 말해 한국어 동사, 형용사는 어미 없이 문장에 쓰일 수 없다.

✓ 밥을 잘 **먹-** → 먹어, 먹자, 먹니, 먹는구나
✓ 물건을 잘 **팔-** → 팔아, 팔자, 파니, 파는구나

'-어', '-자', '-니', '-는구나'와 같은 어미 없이는 홀로 설 수 없다는 의미다. 기본형의 존재 이유가 여기에 있다. '가다', '날다', '먹다', '팔다'에서 이 단어들의 의미는 '가-', '날-', '먹-', '팔-'에 있다. 그런데도 기본형이 '가다', '날다', '먹다', '팔다'인 이유는 어미 없이는 홀로 설 수 없기 때문이다. 다시 '안 되'로 돌아가 이 오류가 중요한 이유는 기본형 '되다'가 어미 없이 쓰였기 때문이다.

어떤 공부를 하든 항상 위계(位階)를 생각하는 연습을 하자. '위(位)'는 등급을 말할 때 쓰는 한자이다. 맞춤법을 공부할 때 위계를 생각하고, 그 원리를 공부하는 연습을 하면 머릿속의 질서를 세우는 데 도움이 된다.

스스로에 대해 생각하기

맞춤법을 지키고자 한다면, 우선 우리가 쓰는 언어에 대해 생각해야 한다. 지금까지 당신이 썼던 글을 다시 읽어 보라. 이는 자신의 행동을 이해하기 위함이다. 사소한 문제 하나를 예로 들어 보자.

✓ 맞춤법은 중요하다‥ 중요한 맞춤법을 찾아두고 틈틈이 익히기로 하자.
└→ 마침표 하나 없애기

글을 쓸 때 굳이 마침표를 두 개 쓸 필요는 없다. 그런데 이런 오류는 생각보다 자주 발생한다. 주로 문장을 옮기거나 삭제할 때 마침표를 누락해서 생기는, 습관이 만든 오류라고 할 수 있다.

자신이 쓴 글을 보면서 '나는 어떤 맞춤법을 자주 틀리는가'를 파악하는 일은 중요하다. 위와 같이 사소한 편집상의 오류도 실수 목록에 포함시키고, 결과를 모두 모아 파일로 만들어 보관하면 좋다.

그간 쓴 글을 다시 보면 평소 내가 어떤 어휘를 자주 쓰는지, 문장을 쓸 때 어떤 방식을 활용하는지 생각해 보는 기회가 될 수 있다. 오롯이 나만을 위한,

나를 성장시킬 수 있는 멋진 교재가 만들어지는 것이다. 이를 위해서는 두 가지가 필요하다. 자신의 글을 마주할 수 있는 용기, 그리고 책임감. 오래 전에 쓴 글을 다시 보는 것은 그리 쉬운 일은 아니지만, 반드시 거쳐야만 하는 과정이다. 스스로도 부끄러워 보기 어려운 것을 다른 이에게 보라고 내던질 수는 없다. 그 독자가 자신에게 중요한 사람일수록 더욱 더 그렇다. 퇴고하는 습관을 들이면 강점도, 부족한 점도 발견할 수 있다. 그것을 토대로 한 걸음씩 더 나아가길 바란다.

차 례

2장

잘못 쓰면 뜻이 크게 달라지는 말

3장

**실은
사전에
없는 말**

4장

그럴싸 하지만 틀린 말들

5장

**"일부러
그렇게
쓰는 거야?"
혼란한
맞춤법**

1 장

헷갈리기
쉬운
맞춤법

01

'데'와 '대'

저번 겨울, 정말 춥**데**.

올해는 더 춥**대**.

'데'와 '대'를 구분하려면 주어를 확인하세요. 위 예시에서 '춥다'의 주어가 말하는 사람 자신이라면 '데'를 쓰면 됩니다. 여기서 '데'는 '더라'가 굳어진 것으로, 이전 경험을 떠올려서 전달할 때 쓰는 말입니다.

✔ 너무 **춥더라**.

↳ = **춥데** 주어: 말하는 사람

그렇다면 '춥대'의 주어는 누구일까요? 앞의 사례처럼 간단한 문제는 아닙니다. '춥다'만 생각하면 안 되거든요. '대'는 '다고 해'의 준말이니 주어는 '춥다고 말한 사람'이 됩니다.

✓ 더 **춥다고 해**.

   ↳ = **춥대**   주어: 말하는 사람이 아님

'데'와 '대'의 혼동을 줄이고 싶다면 입말과 글말을 구분하는 것이 좋습니다. 글말에서는 '춥다고 해'를 줄여서 '춥대'로 쓸 일이 거의 없거든요. '춥대'는 입말을 그대로 사용하는 문자 메신저 등에서 주로 쓰입니다. 지금 하는 말이 줄임말인지 아닌지를 알아두면 맞춤법을 지키는 것이 더 쉬워진다는 말씀!

여기서 한 걸음 더 나아가 볼까요? 좀 더 복잡한 경우를 살펴보겠습니다.

✓ 벌써 추운**데?** 날씨가 도대체 왜 이런**대?**

여기서 중요한 것은 여기서 짝을 이루는 '-ㄴ데'와 '-ㄴ대'가 한 묶음이라는 점이에요. 어미 중에는 이렇게 'ㄴ'과 같은 자음이 다른 것과 합쳐져서 한 묶음을 이루는 것이 생각보다 많아요. '공부할까'를 생각해 보세요. 기본형은 '공부하다'겠죠? 그러면 '공부하-+-ㄹ까'로 나눌 수 있어요. 그러면 '-ㄹ까'가 한 묶음으로 하나의 어미가 되는 거예요. 사실 여기에는 한국어의 역사가 관련되어 있어요. 이전에는 각각으로 쓰이던 것이 오랫동안 함께 쓰이다가 한 묶음으로 변화한 것이죠.

'-데', '-대' 역시 마찬가지입니다. 먼저 '-ㄴ대'는 의문에 약간 못마땅한 느낌을 더한 종결 어미입니다. 그리고 '-데'는 감탄을 표현하면서 청자의 반응을 기다리는 종결 어미입니다. 이들은 앞의 'ㄴ'과 함께 하나의 어미를 이룹니다. 분리되지 않습니다. 이런 단어가 생각보다 많습니다. 추후에 나올 '-걸', '-게' 역시 'ㄹ'과 한 덩어리로 생각해야 합니다.

02

'되'와 '돼'

아들: 엄마, 저 게임 딱 1시간만 할게요.

엄마: 안 **돼**.

아들: 30분만!

엄마: 안 **된다고 했어**.

'돼'와 '된다'는 같은 말이죠. 모두 기본형이 '되다'니까요. 이렇듯 기본형을 알면 맞춤법이 쉬워집니다. '돼'는 '되어'의 준말이고, '된다'는 '되다'에 '지금 그렇다'는 의미의 '-ㄴ(는)'을 넣은 거예요. 우리말의 가장 중요한 특징은 기본형의 의미 부분이 절대 혼자 쓰일 수 없다는 겁니다. 즉, '되-'는 반드시 뒤에 '-어'와 같은 연결 어미가 필요해요. 좀 더 쉬운 '먹다'로 예를 들어 볼까요?

✓ 지금 안 **먹어**.
  └→ 먹+어　만약 '어'가 없다면 '지금 먹'이 되므로
　　　　　문장이 유효하지 않음

'되다'를 위 예의 짝으로 생각하면 이 경우에는 '되'가 옳은 표현이 아니라는 것을 알 수 있겠죠?

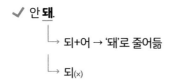

✓ 안 **돼**.
  └→ 되+어 → '돼'로 줄어듦
  └→ 되(×)

'되'와 '돼'는 발음이 거의 같기 때문에 혼동하기 쉬워요. 그러니 '-어'가 없으면 옳은 표현이 아니라는 점을 기억해 두는 것이 좋아요. '되어'의 준말이 아니라면 '돼'를 사용하지 않는다는 점도요.

✓ 안 **된**다.
  └→ 되+ㄴ+다　'되어'가 아니므로 '됀다'로 쓸 수 없음

앞서 맞춤법을 제대로 익히려면 연결되는 단어를
함께 보아야 한다고 언급했습니다. '되다'와 같은 방식
으로 작용하는 단어들을 함께 기억하면 좋겠죠?

'ㅚ다'의 사용 예시

괴다: 아랫돌 빼어 윗돌 괴어(괴어).

되뇌다: 자꾸 되뇌(되뇌어).

뵈다: 선생님을 찾아 봬(뵈어).

쇠다: 설을 쇄(쇠어).

죄다: 마음을 좨(죄어).

'안'과 '않'

> 그 일이 **안** 급하다고 하지는 **않**았습니다.

  '안'과 '않'을 구분하지 못하면 안 됩니다! 사실 이 둘의 구분은 어렵지 않습니다. '않'의 'ㅎ'에 주목하면 돼요. '않'에서 'ㅎ'은 '하다'에서 온 거예요. '안 하다'라는 말을 많이 쓰다 보니 줄여서 '않다'가 된 거예요. 여기서 중요한 점, '하다'는 절대 '하-'만으로 독립해 쓰일 수 없어요. 국어의 모든 기본형이 그렇지요. 그러니 기본형 '않다'에서 '않'만 띄어쓰기 앞에 놓이는 일은 일어날 수 없어요. 예를 들어 볼까요?

✓ **않** 했어요.

┗→ 이는 '<u>안</u> 하 했어요'와 같으므로 우리말 질서에 어긋남

날이 갈수록 '안'과 '않'을 구분하지 못하는 사람이 늘고 있어요. 그 이유는 둘의 발음이 [안]으로 같기 때문이에요. 우리말 받침에는 'ㄱ, ㄴ, ㄷ, ㄹ, ㅁ, ㅂ, ㅇ' 7개의 소리만 쓰입니다. 그러니 '안'이든 '않'이든 모두 [안]으로 소리날 수밖에요. '안'과 '않' 뿐만 아니라 '만'과 '많', '끈'과 '끊' 역시 발음만으로는 구분할 수 없습니다. 이럴 때 도움을 주는 것이 바로 기본형입니다. 기본형의 발음을 확인하는 것으로 둘을 구분할 수 있습니다.

일단 '안'은 '안' 또는 '아니'로만 쓰이니 기본형을 고민할 필요가 없어요. 그러나 '않'은 기본형을 찾아야만 합니다. '않'은 형태가 50가지 이상으로 변하거든요.

✓ 않고, 않아서, 않으니, 않으므로, 않으니까, 않으면, 않더라도, 않을수록, 않으니까, 않는다, 않거든, 않아 등의 기본형

= **않다[안타]**

기본형 '않다'의 발음은 [안타]입니다. 본래 기본형은 변하지 않은 부분인 '않-' 뒤에 '-다'를 붙이는 거잖아요. '않다'의 경우 기본형으로 바꾸니 '-다'의 발음이 [타]가 됐습니다. 'ㅎ'이 있기 때문이에요. 'ㅎ+ㄷ'은 'ㅌ'이니까요.

여기서 발음과 표기의 관계를 짚고 넘어갈 필요가 있습니다. 표기가 먼저일까요? 발음이 먼저일까요? 당연히 발음이 먼저입니다. 발음으로 단어의 원래 모습을 찾아 표기에 반영하는 것이니까요.

✔ [만타]_(발음) → 많다_(표기)

'타'라는 발음 덕분에 이 단어에 'ㅎ' 받침이 있다는 사실을 알 수 있습니다. 'ㅎ'을 받침으로 두는 모든 기본형이 그렇습니다. 기본형이니 '다'로 끝나야 하는데 [타]로 발음된다면 받침에 'ㅎ'이 있다는 뜻입니다. 이와 같은 단어 몇 가지를 살펴보겠습니다. 직접 발음해 보면서 왜 'ㅎ'을 쓰는지 그 원리를 깨우쳐 보세요. 특히 많이 틀리는 어려운 맞춤법이니까요.

'ㅎ' 받침을 가진 기본형 단어

놓다[노타], 낳다[나타], 닿다[다타], 땋다[따타], 쌓다[싸타],
찧다[찌타], 좋다[조타], 많다[만타], 않다[안타], 끊다[끈타],
곯다[골타], 끓다[끌타], 닳다[달타], 뚫다[뚤타], 싫다[실타]

　

여기서 새로운 질문, '않'과 같이 'ㄶ' 받침을 가진 단어에는 동사, 형용사만 있는 걸까요? 이런 궁금증이 들었다면, 스스로를 충분히 칭찬해 주세요. 정말 좋은 질문입니다! 그렇습니다. 우리말에서 'ㄶ'이나 'ㅀ' 받침을 쓰는 것은 동사와 형용사뿐입니다. 때문에 '않', '끓' 등의 단어가 띄어쓰기를 해야 하는 상황에 나오는 일은 없습니다.

04

'치르다'와 '치루다'

> 혼례를 **치르고** 얼마 되지 않아 장례를 **치렀습니다**.

어떤 일을 겪었다고 표현할 때 '일을 치루다'라고 잘못 표현하는 일이 많더라고요. 명쾌하게 말씀드립니다. 우리말에 '치루다'라는 말은 없습니다. '치르다'가 어떤 상황에서 쓰이는지 알아 두면 실수를 줄일 수 있을 거예요.

✔ 요금을 **치르다**.   ⑨ 계산하다

✔ 무슨 일을 **치르다**.   ⑨ 겪어 내다

특히 자주 쓰이는 용법은 이 두 가지이지만, 일상 생활에서는 더 자주, 더 넓은 범위에서 사용되곤 합니다. 많이 쓰인다면 더욱 자주 확인해야 할 텐데 왜 이렇게 오류가 많은 걸까요? 비밀은 '치르다'의 '으'에 있습니다. 아래의 예를 보세요.

> ✓ 장례를 **치러**, 홍역을 **치러**, 손님을 **치러**, 곤욕을 **치러**,
>
> 대가를 **치러**, 경기를 **치러** 등

기본형은 '치르다'이지만 위 예시에는 '르', 즉 'ㅡ'가 없죠? 이렇게 'ㅡ'가 탈락되는 것은 아주 자연스러운 일입니다. '치르다'만 그런 것이 아니에요.

> ✓ 쓰다 → 써
>
> ✓ 크다 → 커
>
> ✓ 모으다 → 모아

'ㅡ'가 탈락하는 이유는 무엇일까요? 사실 그 원인은 정확히 알 수 없어요. 국어에서 'ㅡ'가 가장 약한 모음이라는 사실이 약간의 힌트가 될 뿐이죠. 'ㅡ'가 탈락됐다고 확신할 수 있는 이유는 기본형의 발음에 있습니다. 기본형 '—다'로 끝나는 모든 말들은 '쓰다 → 써'처럼 '—'가 탈락합니다. 이를 '으 탈락 규칙'이라고 묶어 부릅니다. 여기서 잠깐, '-르다'의 모양을 가진 기본형 중에는 다르게 행동하는 것들이 있어요. 아래 예를 비교해 보세요.

① 치르다, 따르다 → 치러, 따라 으 탈락 규칙

② 다르다, 모르다 → 달라, 몰라 르 불규칙

①의 예시에서는 '—'만 탈락했는데 ②는 조금 다릅니다. '—'가 없어진 것은 같은데, 'ㄹ'이 하나 더 생겼다는 점에서 다르죠? 정확히는 '르'가 'ㄹㄹ'로 바뀌었습니다. 규칙적이지 않은 변화입니다. 이렇게 '르'의 움직임은 불규칙하다고 해서 '르 불규칙'이라고 부릅니다.

다시 '치르다'로 돌아가 볼까요? '치르다'는 '—'를 규칙적으로 탈락시키는 말입니다. 그런데 우리가 탈락된 '으'를 발음이 비슷한 '우'라고 잘못 생각해 '치루다'와 같은 잘못된 표기가 만들어지는 것이죠. 이렇게

생각하세요. 우리말 기본형의 모음 '으'는 규칙적으로
탈락되니까 이것을 복원해서 기본형을 만들어야겠다
고요.

'ㅡ'를 가진 기본형 단어

'ㅡ' 탈락 규칙

담그다, 잠그다, 다그다, 따르다, 치르다, 다다르다, 모으다, 크
다, 트다, 움트다, 부르트다, 아프다, 슬프다, 고프다, 어설프다,
애달프다, 헤프다, 서글프다, 가냘프다, 고달프다, 구슬프다

★ 주의: '르 불규칙'과 구분하기 (80페이지 참조)

05

'키다'와 '켜다'

불 좀 **켜라!** 안 되면 손전등이라도 **켜든지.**

불을 붙이거나 일으킬 때, 전자제품을 작동시킬 때 우리는 '켜다'라는 말을 사용합니다. 그런데 요사이에 이 '켜다'를 '키다'로 잘못 쓰는 일이 아주 많아졌어요.

✓ 에어컨을 오래 **키면**(×) 전기 요금 폭탄을 맞는다.

  ↳ **켜면**(○)

왜 '켜다'를 '키다'로 오해하는 걸까요? 이유를 알면 이러한 오류를 해결하는 데 도움이 되겠죠?

✓ 불을 **켜라**.

올바른 해석	켜+(어)라
잘못된 해석	키+어라

'켜다'는 기본형도 '켜'입니다. 그런데 우리는 '되+어'를 줄여 '돼'로 쓰는 것처럼 '켜' 역시 '키+어'의 줄임말이라고 생각해 '켜'의 기본형이 '키다'라고 착각하기도 합니다. 유심히 고민하긴 했지만 결과가 잘못된 거죠. 우리는 생각보다 우리가 쓰는 말에 대해 많이 생각한답니다. 이 단어가 어디에서 온 것인지 정확히 알면 이런 잘못된 표기도 줄일 수 있습니다.

'켜다'가 어떤 의미와 용법을 가지는지 알아 두면 혼동을 줄일 수 있어요. 다음의 예를 보고 기본형 앞에 놓인 말을 함께 기억하면 더욱 효과적일 것입니다.

✓ 등불을 **켜다**. ⑨ 점화하다

✓ 전기제품을 **켜다**. ⑨ 작동시키다

✓ 기지개를 **켜다**. ⑨ 몸을 펴다

✓ 나무를 **켜다**. ⑨ 톱질하다

✓ 아쟁을 **켜다**. ⑨ 연주하다

✔ 벌주를 **켜다**.　　㉑ 마시다

✔ 헛물을 **켜다**.　　㉑ 마시다

06

'피다'와 '펴다'

꽃 **피는** 계절이 오면 나도 날개를 **펴려나**.

"'피다'가 맞나요? '펴다'가 맞나요?"

앞으로는 이렇게 질문하지 않기로 해요. 단어는 혼자 존재하는 경우가 없어요. 항상 다른 단어들과의 관계를 생각해 문장 단위로 따져야 맞춤법을 제대로 판단할 수 있습니다.

"'인생이 피다'와 '인생이 펴다' 중에 어떤 것이 옳은 표현인가요?"

질문하는 방식을 이렇게 바꿔 보세요. 관계를 우선시하는 것이죠. 이보다 더 좋은 방식도 있어요.

"'켜다'를 '키다'로 잘못 쓰는 일이 많다면 '펴다'를 '피다'로 잘못 쓰는 일도 있나요?"

이렇게요. 맞춤법을 단어 단위에서만 생각하면 처음 보는 단어에 응용하기가 더욱 어려워집니다. 그러니 늘 응용하는 연습을 해야 합니다.

다시 본론으로 돌아와, '피다'와 '펴다'는 모두 맞는 말입니다. 다만 각자 다른 뜻을 가지고 있으므로 문맥에 따라 올바른 단어를 선택하고 사용해야 합니다.

먼저 '피다'는 꽃봉오리나 잎 따위가 벌어질 때, 불이 붙을 때, 상황이 좋아질 때, 연기 따위가 일어나거나 퍼질 때 등에 사용하는 단어입니다.

한편 '펴다'는 접혀 있거나 굽어 있는 것을 벌릴 때, 혹은 의견, 기세 등을 표현할 때, 무엇을 넓게 늘어놓을 때, 정책 따위를 널리 퍼뜨려 실시할 때 등에 사용하는 말입니다. 예를 들어 살펴볼까요?

✓ 드디어 꽃이 **피었다**.
 └→ '폈다'로 줄여 쓸 수 있음

✓ 드디어 날개를 **폈다**.

보시다시피 위 두 문장의 의미는 전혀 다릅니다. 그런데 첫 번째 예시의 '피+어'를 '펴'로 줄여 쓸 수 있기 때문에 종종 혼동하는 일이 생긴답니다. 그래서 아래와 같은 잘못된 표기가 나오곤 하지요.

✓ 날개를 피다(×), 주름을 피다(×),

　　어깨를 피다(×), 다리를 피다(×)

'날개를 펴다'와 '꽃이 피다'와 같은 활용 예시를 함께 기억해 두면 이 같은 오류를 줄일 수 있겠죠?

07

'십상'과 '쉽상'

> 더운 날씨에는 음식이 상하기 **십상**이다.

'십상'은 사실 한자어예요. '80~90퍼센트의 확률로 예외가 없음'을 뜻하는 말이죠.

✔ **십상**(十常) = **십상팔구**(十常八九) = **십중팔구**(十中八九)

'십중팔구'라는 표현 아시죠? 이는 '십상'과 같은 말입니다. '꼭', '안성맞춤'의 의미를 가졌다고 생각하면보다 이해가 쉽습니다.

세월이 흐르면 그 말이 어디서 왔는지 모르게 되

는 일이 종종 생깁니다. 어원 의식이 약해지는 겁니다. 한자어도 마찬가지예요. '십상'이라는 말은 한자어인지 모르게 될 만큼 친숙하게 쓰이다가 최근 고유어 '쉽다'와 연관 짓게 되었어요. 그래서 종종 '쉽상'이라고 쓰는 사람들을 만나게 되는 거예요.

✓ 그렇게 오해하기 십상이다.

≠ 그렇게 오해하기 쉽다.

  └→ 잘못된 어원 의식

게다가 '십상'은 '십중팔구'라는 의미이니 때에 따라 '쉽다'의 의미로 쓸 수도 있어요. 이것이 여러분이 '십상'을 '쉽상'이라고 오해하는 이유 중 하나입니다.

✓ 이 방은 응접실로 딱 **십상**이겠다.

✓ 그 일로 의심받기가 **십상** 쉽겠다.

이제 십상이 '쉽다'로부터 온 것이 아니라는 사실을 아시겠죠? 이를 이해하는 것만으로도 '십상'의 맞춤법을 쉽게 기억할 수 있어요.

08

'근게'와 '근께', '근걸'과 '근껄'

앞으로는 연락 자주 **할게**.

그때 자주 연락**할걸**.

앞으로 할 일을 약속할 때 '할게'라는 말을 많이 쓰
죠? 이것의 발음은 [할께]입니다. 때문에 '할게'라 써야
할지, '할께'로 써야 할지 혼동하는 사람이 많습니다.
무엇인가를 후회하거나 기대와 다르다는 것을 표현할
때 쓰는 '할걸' 역시 마찬가지죠. '할걸'의 발음은 [할
껄]이거든요. 생각보다 많은 사람들이 이를 잘못된 표
기인 '할께'와 '할껄'로 잘못 적고 있습니다.

일단 두 가지를 기억하세요. 먼저 '게'나 '걸'은 '-ㄹ'

과 묶어 '-ㄹ게', '-ㄹ걸'로 쓰는 겁니다. 두 번째, 이 '-ㄹ게', '-ㄹ걸'은 된소리로 발음되더라도 언제나 예사소리로 적어야 합니다. 우리말이 예사소리(ㄱ, ㄷ, ㅂ, ㅅ, ㅈ → 평음), 된소리(ㄲ, ㄸ, ㅃ, ㅆ, ㅉ → 경음), 거센소리(ㅋ, ㅌ, ㅍ, ㅊ → 유기음)를 가진 말인 것은 아시죠? 쉽게 말해 'ㄲ, ㄸ, ㅃ, ㅆ, ㅉ'로 소리 나더라도 'ㄱ, ㄷ, ㅂ, ㅅ, ㅈ'로 적는다는 말입니다.

왜일까요? 아래 예시가 이러한 표기 원리에 대한 힌트를 줍니다.

✓ 앞으로 **할 것**을 정리해 보자.
　　　↳ [할 껏]

위 예시의 '것' 역시 된소리로 소리 나지만, 이것을 된소리로 적는 실수를 저지르는 사람은 없습니다. '할 것' 또한 앞에 놓인 '-ㄹ' 때문에 된소리가 된 것이고, 누구나 이를 된소리로 발음합니다. 하지만 그렇다고 해서 소리 나는 대로 적으면 다른 '것'의 사용 예시와는 모양이 달라집니다. 같은 의미를 가진 말은 같은 모양으로 적어야 합니다.

'할 것'과 '할게', '할걸'은 어떤 유사점을 가졌을까요? 이 표현들 역시 '-ㄹ' 뒤에서 된소리가 되는 규칙이 적용된 경우입니다. 다만 '-ㄹ게', '-ㄹ걸' 형태로 뭉친 채 오랫동안 사용돼 '할 것'처럼 구분되지 않을 뿐이죠. [할께], [할껄]의 된소리는 그 원리를 알 수 있는 발음이기에 표기에 반영하지 않는 거예요. '된소리의 원리를 알 수 있다', 이것이 무슨 의미인지 아는 것이 중요합니다. 여기서 표기의 원칙을 짚고 넘어가도록 할까요? 문법 공부를 제대로 하기 위해서는 반복학습하는 것이 중요해요. 답답하겠지만 한 번에 모든 것을 이해할 수는 없어요.

'원리를 알 수 있는 발음은 표기에 반영하지 않는다'. 이를 다음의 예시와 함께 확인해 봅시다.

✓ **먹는[멍는]** → 어떤 경우에도 발음대로 적지 않음

          └→ 여기에 반영된 규칙(동화)으로 발음 원리 설명 가능

'먹는'은 절대로 [먹는]으로 발음되지 않아요. 예외 없이 [멍는]으로 소리 냅니다. 그런데 이를 '멍는'이라고 적는 사람은 거의 없습니다. 우리말의 원리가 이

발음의 원리를 설명할 수 있고, 'ㄱ'과 'ㄴ'이 붙으면 [ㅇㄴ]으로 발음되리라고 예측할 수 있으니 굳이 표기에 반영하지 않는 거예요. 이와 반대로 예측 불가능한 소리는 표기에 반영해야 합니다.

그렇다면 '할 것을'이라고 적을 때 발음은 [ㄲ], 즉 된소리지만 '껏'이라고 적지 않는 이유는 'ㄹ' 뒤 된소리되기가 예측 가능하기 때문이라고 정리할 수 있겠죠? 이와 마찬가지로 '할게', '할걸'에는 된소리를 발생시키는 'ㄹ'도 있고, 된소리가 되는 'ㄲ'도 있어요. 이렇게 예측 가능하니 '할게', '할걸'이라고 적는 거예요.

이러한 실수를 줄이는 가장 좋은 방법은 자주 틀리는 단어를 계속 쓰며 연습해 보는 것입니다. 많이 틀려야 빨리 고칠 수 있거든요. 복잡해 보이는 된소리 표기에도 원리가 있다는 점을 꼭 기억해 두세요.

반면 아래의 예에서는 된소리를 적는 것이 원칙입니다.

✓ 오늘 갈**까**?　　✓ 어디로 갈**꼬**?

두 문장의 공통점을 정리해 볼까요? 우선 의문을 표현하는 말입니다. 문장 끝에 붙은 '까'나 '꼬'는 앞서 본 것과 같은 질서를 갖지 않아 예측되지 않습니다. 이런 경우에는 소리 나는 대로 적어야 합니다.

> **-ㄹ 뒤 된소리 발음의 표기 반영**
>
> **반영하지 않는 경우**
>
> -ㄹ게, -ㄹ걸, -ㄹ세, -ㄹ세라, -ㄹ수록, -ㄹ지, -ㄹ진대
>
> **반영하는 경우**
>
> -ㄹ까, -ㄹ꼬, -ㄹ쏘냐

09

'삼가다'와 '삼가하다'

밤에 지나치게 많이 먹는 일은 **삼가는** 것이 좋겠다.

'삼가'라는 말을 가장 많이 쓰는 상황은 언제일까요?

✓ **삼가** 고인의 명복을 빕니다.

위 예시는 거의 숙어처럼 쓰이죠. 여기서 '삼가'는 '정중히, 겸손히'라는 의미로 '빕니다'를 꾸미는 말입니다. 이와 같은 의미를 갖는 동사가 '삼가다'입니다. 이 '삼가다'를 '삼가하다'로 오인하는 일이 많으니 유의하세요.

✓ 외출을 삼가하고(×) → 외출을 삼가고(○)

✓ 욕설을 삼가하되(×) → 욕설을 삼가되(○)

✓ 출입을 삼가하니(×) → 출입을 삼가니(○)

'-하다'는 말을 만드는 힘이 아주 커서 이런 오해가 발생할 수 있어요. '노래하다', '공부하다', '조절하다', '고민하다' 등 '-하다'가 붙은 말이 많다 보니 '삼가다'도 '삼가'에 '-하다'가 붙은 것이라고 오해하게 된 거죠.

흥미로운 점은 '삼가하다'라는 맞춤법 오류는 빈도가 점차 줄어들고 있다는 점입니다. 교육의 힘이라고나 할까요? 이는 우리가 무엇을 잘못하고 있는지 인식하면, 인식했다는 사실만으로도 오류를 줄일 수 있음이 반영된 현상입니다. 이처럼 맞춤법에 꾸준히 관심을 가지면 올바른 표기에 접근할 수 있습니다. 그러니 맞춤법 공부가 어렵다고 해서 지레 포기하진 마세요.

10

'같아', '같어', '같애'

세상은 돌고 도는 것 **같아**.

'모음조화'는 앞에 놓인 모음의 종류에 따라 뒷말의 모음이 달라지는 것을 말합니다. 양성모음(ㅏ, ㅗ) 뒤에는 양성모음이, 음성모음(ㅓ, ㅜ) 뒤에는 음성모음이 연결되는 것이죠. 모음조화는 옛날에는 아주 강력한 규칙이었지만, 오늘날에는 그 힘이 점점 약해지고 있어요. '같아'를 '같어'로 잘못 적는 이유도 이 영향이에요. 모음조화가 강력한 규칙이었을 때 양성모음과 음성모음은 다음과 같이 구분되었습니다.

양성모음	ㆍ ㅗ ㅏ
음성모음	ㅡ ㅜ ㅓ
중성모음	ㅣ

그런데 양성모음이었던 'ㆍ'가 사라지면서 'ㅏ(양성모음)'로도 변하고, 'ㅡ(음성모음)'으로도 변하게 되었습니다. 모음조화가 파괴되기 시작한 것입니다. 그래서 오늘날에는 몇몇 경우에만 모음조화가 남았습니다. 아래 예를 통해 모음조화의 원리를 알아볼까요?

✓ 많이 **먹어**.
　　└ 먹(ㅓ : 음성모음) + 어(음성모음)

✓ 잘 **막아**.
　　└ 막(ㅏ : 양성모음) + 아(양성모음)

'먹다'에 포함된 'ㅓ'를 따라 뒤에 올 말로 '어'가 선택되고, '막다'에 포함된 'ㅏ'를 따라 뒤에 올 말로 '아'가 선택된 것이 보이죠? 예전에는 이런 모음조화가 아주 중요한 규칙이었어요. '나무'를 '나모'라고 쓸 정도로요 (ㅗ는 양성모음). 하지만 모음조화는 점점 영향력이 약해져서 오늘날에는 의성어, 의태어를 빼면, '막다', '먹다'처럼 '-다' 앞이 한 음절로 된 단어에만 적용하게 되었지요. 이런 모음조화의 약화는 기본형 '같다'에도 영향을 끼쳤습니다.

✓ **좋을 것 같아.** (O)

✓ **좋을 것 같어.** (x)

✓ **좋을 것 같애.** (x)

'같아'처럼 앞말의 모음 '아'를 따라 '아'가 선택되는 것이 옳지만, 음성모음인 '어'를 선택해 '같어'와 같이 표현하는 경우도 있습니다. 모음조화가 더욱 약해졌다는 증거죠. 하지만 아직은 기본형 모음조화를 지키는 것이 올바른 표기입니다. '-아' 대신 '-애'를 선택하여 '같애'로 표기하는 경우도 있는데, 이는 방언입니다.

기본형을 먼저 찾고, 그 기본형에서 '다'를 뺐을 때 한 음절이라면 모음조화를 지켜야 한다는 사실을 꼭 기억하고 올바르게 적을 수 있도록 연습하세요.

11

'오'와 '요'

> 어서 오시**오**.
>
> 서로 사랑해**요**.
>
> 이것은 사랑이**요**, 증오**요**, 삶이었다.

문장을 '오'로 마무리해야 할지, '요'로 마무리해야 할지 헷갈릴 때가 많아요. 제일 쉬운 구분법은 이 '오'나 '요'를 뺐을 때 문장이 유효한지 확인하는 거예요.

✔ 어서 오☐.

기본형 '오다'에서 '다'를 빼고는 문장이 완성되지 않아요. □ 안에 무엇을 넣어야만 합니다. '어서 오오'와 '어서 오요' 중 무엇이 옳은 문장일까요? 정답은 '어서 오오'입니다. 그런데 일상생활에서 이런 문장을 구사하는 사람이 있던가요? 사극에서나 본 듯하죠? 이는 '예사높임(존칭)'으로, '아주높임(극존칭)'의 전단계입니다. 일상에서는 자주 쓰지 않는 말이에요. 우리는 아래와 같은 표현을 더 많이 쓰지요.

✓ 서로 사랑해□.
✓ 서로 사랑해요.

이번 예시는 '요'가 없어도 문장이 성립되죠? 요즘 문장 끝의 '요'는 주로 이런 경우에 쓰여요. '요'를 넣어서 높임을 밝히는 것이니까 이것이 없으면 반말이 되어버립니다.

'요'가 문장 끝이 아닌 중간에 나오는 경우도 있습니다. 이때 '요'는 사실 '이요'로, 무엇을 나열할 때 쓰는 말입니다.

✓ 이것은 내 삶의 지표요, 자랑이요, 정점이었다.

어떤가요? 나열이라는 느낌이 명확히 오죠? 그리고
평소에 많이 쓰는 표현이 아니라는 느낌도 들 거예요.
우리가 일상에서 무엇을 나열할 때는 아래의 방식을
더 많이 활용하지요.

✔ 이번에 챙길 것은 <u>영수증</u>, <u>신분증</u>, 지침서이다.
      └→ 영수증이요, 신분증이요,

물론 위와 같은 나열의 방식에도 '이요'를 사용할 수
있습니다. 자신에게 더 익숙한 방식을 선택해 활용하
면 됩니다. 다만 '요', '-오', '이요'의 원리를 이해하면
표현력이 더욱 다양해지니 익혀 두면 좋습니다.

12

'안스럽다'와 '안쓰럽다'

어린 나이에 집안 형편을 해결하려 애쓰는 그가 **안쓰럽다**.

단어에 '-스럽다'를 붙이면 '그러한 성질을 가졌다'는 의미의 형용사가 됩니다. '걱정스럽다', '만족스럽다'처럼요. 한편 '안쓰럽다'는 '딱하다', '가엾다'라는 의미의 형용사입니다. '안쓰럽다'라는 표기가 좀 이상하게 느껴질 수도 있습니다. '-스럽다'를 붙였는데 '안쓰럽다'가 되었으니까요. 왜 이런 일이 생긴 걸까요? 바로 우리의 발음 때문입니다.

✔ **만족스럽다**, 고급**스럽다**, 쑥**스럽다**, 천연덕**스럽다**

　　　　　　　　└→ 발음 [-쓰럽다]

위의 예시에서 '-스럽다' 앞에 놓인 말의 받침을 보세요. 'ㄱ'과 'ㅂ'이지요? 우리는 앞말의 받침에 'ㄱ, ㅂ, ㄷ'이 오면 뒷말의 첫소리를 된소리로 발음합니다. 예외는 없습니다. 예를 들어 '만족'의 받침이 'ㄱ'이기 때문에 '-스럽다'를 붙이면 'ㅅ'이 [ㅆ]으로 소리 나서 [만족쓰럽다]라고 발음하는 것이 자연스럽습니다. 그리고 이렇게 예측 가능한 것은 표기에 반영하지 않습니다. 반영하지 않아도 알아서 발음하니까요.

✔ **조심스럽다**, 자랑**스럽다**, 자연**스럽다**,

까탈스럽다, 송구**스럽다**

　　　　　　└→ 발음 [-스럽다]

위의 예시는 앞말의 받침이 'ㅁ, ㅇ, ㄴ, ㄹ'이거나 받침이 없는 경우입니다. 이런 경우에는 뒷말의 첫소리가 [ㅆ]으로 바뀌지 않습니다. 때문에 '안쓰럽다'는 정말 특이한 경우입니다. 앞말의 받침이 'ㄴ'임에도 불구하고 뒷말의 첫소리가 [씨]이니까요. 한글 맞춤법 제3장 제5항에서는 "한 단어 안에서 뚜렷한 까닭 없이 나는 된소리는 다음 음절의 첫소리를 된소리로 적는다"라고 언급하고 있습니다. 이것이 '안쓰럽다'에 적용됩니다. '안쓰럽다'는 앞말의 받침이 'ㅂ, ㄷ, ㄱ'이 아닙니다. 때문에 규칙에 따르면 '안스럽다'라고 적어야 옳은데, 된소리가 나니 한글 맞춤법 제3장 제5항에 따라 표기에 된소리를 반영해 '안쓰럽다'라고 적는 것입니다.

우리말 받침과 된소리되기

우리말 받침에서 나는 소리는 7개뿐입니다.

받침 표기	받침 소리	소리의 성질
ㄱ, ㅋ, ㄲ	ㄱ	안울림소리 (무성음)
ㄷ, ㅌ, ㄸ	ㄷ	
ㅈ, ㅊ, ㅉ		
ㅅ, ㅆ		
ㅎ		
ㅂ, ㅍ, ㅃ	ㅂ	
ㄴ	ㄴ	울림소리 (유성음)
ㄹ	ㄹ	
ㅁ	ㅁ	
ㅇ	ㅇ	

무성음인 'ㅂ, ㄷ, ㄱ' 뒤의 예사소리는 된소리로 소리 납니다.
이는 아주 중요하고, 예외 없는 규칙입니다. 그리고 앞서 말했
듯 예측 가능한 소리는 표기에 반영하지 않습니다.

✓ 국수[국쑤], 깍두기[깍뚜기], 딱지[딱찌],
   색시[색씨], 법석[법썩], 갑자기[갑짜기]

13

'돌맹이'와 '돌멩이'

무심코 던진 **돌멩이**에 개구리는 맞아 죽는다.

'돌멩이'를 '돌맹이'라고 잘못 적는 사람이 많습니다. '돌멩이'와 '알맹이'를 함께 떠올려 보세요. 둘을 구분하는 것이 만만치 않습니다. 두 가지 이유 때문입니다. 첫째, '에'나 '애'를 가진 단어의 발음 구분이 어렵기 때문입니다. 시간이 흐르며 우리말 모음 '에'와 '애'의 구분은 점점 더 어려워지고 있습니다. 둘째, 첫음절이 아닌 경우에는 그 구분이 더 어렵기 때문입니다. 언어의 변화가 첫음절이 아닌 위치에서 시작하니까요.

하지만 언어는 금방 변하는 것이 아닙니다. '애'와 '에'의 혼동은 앞으로도 오랫동안 지속될 것입니다. 그러니 이것을 명확히 구분하는 데 주의를 기울여야 합니다.

우리말에는 '에'나 '애'를 쓰는 단어들이 정말 많습니다. 아래에 그러한 단어를 모아 두었으니 이 중에서도 특히 자주 틀리는 것들은 외워 두세요. '돌멩이'처럼 아주 익숙한 단어도 다시 한번 확인해야 합니다. 먼저 한 음절로 된 단어들을 볼까요?

✓ **내 - 네, 개 - 게**

내가 **네** 심부름을 대신 했어.

우리 **개**는 **게**살도 먹는다.

✓ **배 - 베**

사촌이 땅을 사면 **배**가 아프다.	⑨ 신체 腹
배를 타고 멀리 가고 싶어.	⑨ 탈것 舟
우리나라 **배**가 유독 맛있대.	⑨ 과일 梨
무명실로 **베**를 짠다.	⑨ 옷감 麻

✓ 체-채-채-채

못들은 **체** 하는 것 다 알아.　　㉠ 그런 척

양말도 못 벗은 **채** 잠이 들었다.　㉠ ~한 상태로

이것은 **채**로 걸러야 한다.　　㉠ 주방도구

무로 얇게 **채**를 썬다.　　　㉠ 요리의 방식

늙어서도 집 한 **채** 없이 살았다.　㉠ 집, 건물 등을 세는 단위

채 피지 못한 꽃.　　　　㉠ 아직

'스스로의 의지를 굽히지 않고 버티는 태도'를 '배짱' 이라고 하죠. 그런데 이 '배짱'을 '베짱'이라고 잘못 적 는 일이 많아지고 있어요. 모음 '에'와 '애'를 혼동하기 때문입니다. 배짱은 '배포', '깡'이라는 말로 대신할 수 있어요. 최근 '중꺾마', 즉 '중요한 것은 꺾이지 않는 마 음'이라는 말이 유행했는데, 이 역시 배짱의 다른 표 현으로 볼 수 있습니다. '배짱'은 우리 일상에서 생각 보다 많이 쓰이고 있습니다.

먼저 '배짱'의 '배'라는 표기를 살펴보겠습니다. 이 해하기 쉽도록 비슷한 말을 찾아봅시다. 배짱은 '배의 힘'이라는 뜻의 '뱃심'과 비슷한 말입니다. '배의 힘'이 라는 의미를 알면 '배'를 '베'로 잘못 적을 일이 없겠죠?

'베짱이'는 우리가 잘 아는 곤충으로, 《개미와 베짱이》의 그 '베짱이'입니다. '베짱이'의 '베'는 '삼베'의 '베'입니다. 이는 15세기 문헌에서도 찾아볼 수 있는 단어랍니다.

> 뵈짱이 甚히 죠고마ᄒᆞᆫ 거시
>
> 《1481 두시언해 초간본》 중에서

　위의 인용에서 '뵈'는 '베'의 옛말입니다. '짱이'는 '짜다'의 옛말 '짜다'에 '앙이'가 붙어 곤충을 의미하는 말이 된 거예요. '베짱이'라는 단어가 '베를 짜다'라는 말로부터 유래했다는 사실을 알 수 있지요. 따라서 '베짱이'의 '베'와 '삼베'의 '베'는 어원이 같다는 것을 알 수 있어요. 이제 곤충 '베짱이'와 뱃심을 의미하는 '배짱'을 쉽게 구분할 수 있겠죠?

모음 'ㅔ', 'ㅐ'를 가진 말들

✓ 메다(가방을 메다) - 매다(신발끈을 매다(묶다), 김을 매다)

✓ 베다(베개를 베다) - 배다(아이를 배다)

✓ 때다(불을 때다) - 떼다(발걸음을 떼다, 영수증을 떼다, 이유식을 떼다)

✓ 세다(힘이 세다, 숫자를 세다) - 새다(물이 새다)

✓ 모래 - 모레, 결재 - 결제, 대채(代替) - 대체

✓ **특히 많이 혼동하는 한자어**

  게시(揭示) - 개시(開始)

  게양(揭揚), 게재(揭載), 게시판(揭示板), 휴게실(休憩室)

✓ **헷갈리기 쉬운 외래어**

  바게트, 게스트, 게이트키퍼, 네비게이션, 데미지, 게릴라, 브랜드

✓ **헷갈리기 쉬운 고유어**

  집게(도구), 가게(물건 파든 집), 지게(짐 나르는 도구)

14

'조개살'과 '조갯살'

해물파전에는 싱싱한 **조갯살**이 들어가야 맛있다.

'조개'에 '살'을 더한 뒤 발음해 보세요. 분명 '조개+살'인데 [조개쌀]로 소리 나는 것을 확인할 수 있습니다. 우리가 '조개+살'을 '조개살'이라고 적지 않고 '조갯살'이라고 적는 이유는 이러한 발음 때문입니다.

조개 ㅅ + 살 [조갣 + 살]

↳ ㄷ 뒤 된소리되기

[조개쌀]

‘살'이 [쌀]로 소리 나려면 앞에 [ㅂ, ㄷ, ㄱ]로 발음되는 받침이 있어야 합니다. 이 받침 뒤에 오는 말이 된소리가 되는 것은 아주 강력한 규칙이거든요. ‘살' 앞에 [ㄷ]으로 발음되는 사이시옷을 놓으면 이 규칙이 완성됩니다. 그래서 ‘조갯살'이라고 적는 것입니다.

사이시옷 표기는 어려워 보이지만, 사실 몇 가지 원리만 기억하면 그리 어렵지 않습니다. 먼저 사이시옷이라고 불리는 ‘ㅅ'은 ‘~의'라는 뜻을 가지고 있습니다. 그러니 조갯살은 ‘조개의 살'이라는 뜻이 됩니다. 두 번째, 사이시옷 앞뒤에 오는 말 중 적어도 하나는 고유어여야 합니다. 조갯살의 경우 ‘조개'와 ‘살'이 모두 고유어이니 조건을 충족합니다. 마지막으로 발음을 확인해 사이시옷을 넣어야 하는지 살핍니다. ‘조개+살'에서 ‘살'이 [쌀]로 발음되니 사이시옷을 넣어야만 발음을 반영한 표기가 됩니다.

세종대왕 시절의 문법을 살피면서 위의 원리를 좀 더 깊숙하게 이해해 볼까요? 오늘날 ‘의'는 뒤에 오는 말을 꾸미는 역할을 하는 조사입니다. 이러한 조사를 ‘관형격조사'라고 합니다. ‘관(冠)'을 모자라고 생각하면 이 조사를 이해하는 것이 더욱 쉬워집니다. 모자처럼 꾸미는 역할을 하는 조사니까요. 지금은 '나의 의자', '탁자의 다리'와 같이 사람이든 사물이든 모두 '의'를 쓸 수 있지만, 옛날에는 그렇지 않았습니다. 사람처럼 감정을 가진 대상(유정물)에는 '의'를 쓰고, 감정이 없는 사물(무정물)에는 '의' 대신 'ㅅ'을 썼습니다. 이렇게요.

- ✓ **사람**(유정물)**의 정**
- ✓ **사물**(무정물)**ㅅ정**

오늘날에는 사이시옷이 관형격조사로 행동하지 않지만, 그 형태는 여전히 남아 있습니다. 예를 들어 '조개의 살'에서 '조개'는 무정물이니 '조개ㅅ살'이었겠지요? 이것이 오늘날에도 남아 '조갯살'로 쓰이고 있습니다.

우리는 세종대왕 시절의 문법을 모릅니다. 알 필요 없는 경우도 많고요. 하지만 한글은 과거에 만들어져 오늘날까지 전해지고 있으므로 옛 질서가 남아 있는 것이 당연합니다. 사이시옷 발음이 오늘날 단어에서 발견되는 것도 문법의 역사가 단어 안에 남아 있기 때문입니다. 사이시옷 표기가 어려운 이유도 이를 통해 어느 정도 이해할 수 있습니다. 아래에 사이시옷의 원리를 쉽게 정리할 수 있게끔 하는 체크리스트를 마련했어요. 헷갈릴 때 사용해 보세요.

	단어	확인
① 의미	단어의 의미가 '앞말의 뒷말'인가?	
② 고유어	단어의 앞뒤 말 중 고유어가 있는가?	
③ 발음	뒷말 첫소리가 된소리로 소리 나는가?	
	또는	
	ㄴ이나 ㄴㄴ 발음이 있는가?	

뒷말의 된소리 발음을 확인해 사이시옷을 넣는 단어

✓ 가: 냇가, 바닷가,

✓ 값: 절댓값, 덩칫값, 죗값, 최솟값

✓ 길: 샛길, 갓길, 등굣길, 혼삿길, 고갯길

✓ 배: 뱃전, 뱃속, 뱃사공, 뱃사람

✓ 집: 셋집, 맥줏집, 횟집, 부잣집

✓ 빛: 잿빛, 장밋빛, 보랏빛, 햇빛

✓ 국: 순댓국, 만둣국, 고깃국, 북엇국

✓ 그 외: 빨랫돌, 콧등, 깃발, 대팻밥, 햇살, 고갯짓 등

15

'혼자말'과 '혼잣말'

나이가 들어갈수록 **혼잣말**이 점점 더 많아지는 듯해.

사이시옷 체크리스트를 활용해 볼 때입니다. '혼자 하는 말'을 '혼잣말'이라고 하지요? 이는 '혼자의 말'이라고도 해석할 수 있습니다. 체크리스트의 첫 칸에 체크하세요.

'혼자'라는 상태에는 감정이 없으니 '무정물'이죠? 그러니 오래된 규칙에 따라 사이시옷을 쓸 수 있습니다.

또 '혼자'와 '말' 모두 고유어이니 사이시옷 규칙에 부합합니다.

	혼자 + 말	확인
① 의미	단어의 의미: 혼자(앞말)의 말(뒷말)	✓
② 고유어	단어 안의 앞뒤 말 중 고유어가 있는가?	✓
③ 발음	뒷말 첫소리가 된소리로 소리 나는가?	
	또는	
	ㄴ이나 ㄴㄴ 발음이 있는가?	

마지막으로 발음을 확인해 봅시다. '혼자'에 '말'을 연결하면 그 발음은 [혼잔말]이 됩니다. 여기서 사이시옷은 [ㄴ]으로 발음됩니다. 바로 뒷말의 첫소리 'ㅁ'을 닮게 되어 'ㅅ'이 'ㄴ'으로 바뀌는 '자음동화'가 일어난 것입니다.

여기서 표기와 발음의 관계를 다시 짚어보기로 해요. 발음과 표기 중 더 중요한 것은 발음입니다. 문자가 없더라도 말을 할 수 있습니다. 그래서 언제나 발음의 원리를 우선 생각해야 해요. '혼자'에 '말'을 더했는데 발음은 [혼잔말]입니다. 'ㄴ'을 덧나게 발음한다는 말이죠. [ㄴ] 덕분에 여기에 사이시옷이 있다는 사실을 알 수 있습니다. 이렇게 표기 중심으로 생각하면 외우지 않고도 사이시옷 유무를 알 수 있습니다.

정리해 볼까요? [혼잔말]의 [ㄴ]은 '혼자'와 '말'의 사이에 'ㅅ'을 적어야 한다는 사실을 알려 줍니다. 그리고 'ㅅ'이 'ㅁ' 앞에서 [ㄴ]으로 소리 나는 것은 우리말에 예외 없이 적용되는 규칙, 자음동화를 따른 것입니다. 예측 가능한 소리는 표기에 반영하지 않는다고 했으니 원래 소리인 'ㅅ'을 반영하여 '혼잣말'이라고 적는 것입니다.

[ㄴ]이 덧난다는 것은 여기에 사이시옷이 있다는 뜻임을 잊지 마세요. [ㄴㄴ]이 덧나는 경우도 마찬가지입니다. 발음에 [ㄴㄴ]이 있으면 사이시옷을 적어야 한다는 사실을 확인하면서 '깻잎'을 예시로 들어 봅시다.

'깨'에 '잎'을 더하면 [깬닙]이라고 발음합니다. [깨입]이라고 발음할 수도 있지만 절대 그렇게 발음하지 않아요. 왜일까요?

이렇게 [ㄴㄴ]이 연결되는 경우는 조금 복잡합니다. 이것을 설명하기 위해 잠시 다른 예를 떠올려 보겠습니다. '꽃잎'을 발음해 보세요. [꼰닙]이죠? 여기서 눈여겨봐야 할 것은 '잎'의 발음에 [ㄴ]이 있다는 점입니다. 왜 이런 일이 일어날까요? '꽃잎'이 어떻게 발음될 수 있는지 그 경우의 수를 따져 봅시다.

먼저 '잎'의 'ㅇ'은 빈자리이니 앞말의 받침이 이 빈자리를 차지할 수 있어요. 이렇게 앞말 받침의 자음이 뒷말의 빈자리로 넘어가는 것을 '연음'이라고 합니다. 국어에서 이런 일은 아주 흔합니다. '꽃+이'가 [꼬치]로 소리 나는 것처럼요.

✔ 꽃+이 → [꼬치] ← 연음
✔ 꽃+잎 → [꼬칩] ← 연음 안 됨! 의미 손상 심화

그런데 '꽃잎'은 [꼬칩]으로 소리나지 않습니다. [꼬칩]이라고 발음하면 아무도 그것이 '꽃잎'인 줄 모를 거예요. 때문에 '잎'은 자신의 뜻을 지키기 위해 받침이 넘어오는 것을 막습니다. 이때 '잎'처럼 'ㅣ'를 가진 말들은 빈자리 'ㅇ'을 [ㄴ]으로 채웁니다. 여기서 [ㄴ]은 앞말을 자음동화시키는 말입니다. 그래서 첨가된 [ㄴ]이 앞말 받침을 동화시키며 [꼰닙]이라는 발음이

완성됩니다.

이제 이것을 '깨+잎'에 반영해 보기로 해요. '깨'와 '잎' 사이에 아무것도 없다면 [깨입]이라고 생각했을 텐데, '꽃잎'을 통해 '잎'의 빈자리에 [ㄴ]을 놓는다는 사실을 알게 되었습니다. 단어의 뜻이 '깨의 잎'이니 표기상 '의'라는 의미의 사이시옷이 놓이겠죠? 그리고 [ㄴ]이 놓인 이유인 사이시옷은 첨가된 [ㄴ]으로 인해 동화됩니다. 이제 [깬닙]에 쓰인 [ㄴ ㄴ]의 정체를 알겠죠?

여러분은 이 어려운 규칙을 잘 알지 못하지만, 일상에서는 어렵지 않게 사용해 왔습니다. 촘스키는 우리의 머릿속에는 '언어능력'이라는 장치가 있어서 사용하는 언어의 문법 규칙을 자동화한다고 했습니다. 문법을 배운다는 것은, 무의식 중에 실현하는 언어 질서를 발음을 통해 거슬러 올라가면서 그 원리를 배우는 것과 같습니다. 발음은 문법 질서를 가르쳐주는 훌륭한 도구라는 것을 다시 한번 알 수 있습니다.

[ㄴ]이나 [ㄴㄴ] 발음을 확인해 사이시옷을 넣는 경우

✓ 말: 혼잣말, 시쳇말, 노랫말, 존댓말

✓ 잎: 깻잎, 나뭇잎, 댓잎

✓ 날: 곗날, 제삿날, 훗날

✓ 니: 윗니, 아랫니

✓ 마을: 아랫마을, 윗마을

✓ 머리: 뒷머리, 뱃머리

✓ 물: 빗물, 냇물, 양칫물

✓ 일: 뒷일, 옛일, 훗일, 예삿일, 가욋일

✓ 그 외: 잇몸, 깻묵, 콧날, 툇마루, 베갯잇

16

'퍼래요'와 '퍼레요'

> 무슨 일이 있었는지 서슬이 **퍼레요.**

'퍼레요'라는 표기가 어색한가요? 그럴 땐 기본형을 떠올려 보는 것이 좋습니다.

✓ 파랗다 → 파래요

✓ 퍼렇다 → 퍼레요

우리가 중요하게 살펴볼 것은 '파랗다', '퍼렇다'에 '-아요', '-어요'를 연결하면 '파래요', '퍼레요'가 된다는 점입니다. 'ㅎ' 받침을 가진 다른 기본형들과 비교하면 이 단어들의 불규칙함이 더욱 분명해집니다.

✔ 놓다 → 놓아, 쌓다 → 쌓아, 넣다 → 넣어, 닿다 →닿아

'파랗다', '퍼렇다'는 앞의 단어들과는 조금 다릅니다. 불규칙 용언의 종류와 함께 살펴봅시다.

국어 불규칙 용언의 종류

	어간 규칙성	어미 규칙성	예
규칙	○	○	대부분의 동사, 형용사
어간 불규칙	×	○	ㄷ 불규칙 ㅅ 불규칙 ㅂ 불규칙 르 불규칙
어미 불규칙	○	×	러 불규칙 여 불규칙
어간, 어미 불규칙	×	×	ㅎ 불규칙

✔ 파랗- + -아 → 파래

✔ 퍼렇- + -어 → 퍼레

'파랗-+-아'는 어간이 바뀌었나요? 어미가 바뀌었

나요? 이는 기본형의 '랗, 렇'과 어미 '아, 어'가 합쳐진 것입니다. 어간과 어미가 모두 바뀌어 버린 것이지요. 이렇게 어간, 어미가 모두 바뀐 불규칙 용언 '파랗다', '퍼렇다'와 같은 경우에는 기본형의 'ㅎ'에 주목하여 'ㅎ 불규칙 용언'이라고 부릅니다. 불규칙은 예측하기 어려우므로 소리 나는 대로 적습니다. 외울 필요도 없어요. 단지 발음대로 적으면 맞춤법을 지킬 수 있어요.

'ㅎ' 불규칙 용언

- **색깔과 관련된 예**

  빨갛다→빨개, 파랗다→파래, 노랗다→노래, 까맣다→까매,
  하얗다→하얘, 뻘겋다→뻘게, 퍼렇다→퍼레, 누렇다→누레,
  꺼멓다→꺼메, 허옇다→허예

- **모양과 관련된 예**

  커다랗다→커다래, 동그랗다→동그래, 조그맣다→조그매,
  굵다랗다→굵다래, 널따랗다→널따래, 얄따랗다→얄따래,
  높다랗다→높다래, 기다랗다→기다래, 가느다랗다→가느다래,
  좁다랗다→좁다래, 짤따랗다→짤따래

17

'가팔라서'와 '가파라서'

계단이 너무 **가팔라서** 내려가기가 무섭다.

뒤에 오는 말의 어미가 모음인지 자음인지에 따라 모양이 달라지는 경우가 있습니다. 이를 '불규칙 용언'이라고 합니다. 이번에 다룰 '가파르다' 역시 불규칙 용언에 속합니다.

✓ 뒤에 오는 말의 어미가 자음인 경우

: 가파르＋다→가파**르**다, 가파르＋고→가파**르**고,

가파르＋면→가파**르**면, 가파르＋니→가파**르**니

위와 같이 자음으로 시작하는 어미가 붙을 때는 기본형 '가파르다'의 '가파르-'가 모양을 그대로 유지하고 있습니다. 하지만 모음이 붙을 때는 달라집니다.

✔ 뒤에 오는 말의 어미가 모음인 경우: 가파르+아 → 가**팔라**

'아'를 더했을 뿐인데 기본형의 '가파르-'의 '르'가 'ㄹㄹ'로 바뀐 것을 확인할 수 있습니다. '르'가 바뀌었기 때문에 이를 '르 불규칙 용언'이라고 부릅니다. '르'를 가진 단어에는 이렇게 '르 불규칙 용언'에 포함되는 것이 아주 많답니다.

그렇다면 규칙 용언인 경우에는 어떻게 될까요? '따르다'를 예로 들어 볼게요.

✔ 자음 앞: 따르+다 → 따**르**다, 따르+고 → 따**르**고,

　　따르+면 → 따**르**면, 따르+니 → 따**르**니

뒤에 오는 말이 자음일 때는 '가파르다'와 같이 활용됩니다. 하지만 모음인 경우에는 좀 달라요.

✔ 모음 앞: 따르+아 → 따**라**, 따**라**서

'ㅡ'가 탈락한 것을 확인할 수 있습니다.

✔ 크다 → 커, 끄다 → 꺼, 쓰다 → 써

이렇게 모음 'ㅡ'를 가진 단어가 모음 어미를 만나면 'ㅡ'가 탈락하기도 합니다. 우리가 '가팔라서'를 '가파라'로 오인하는 이유가 여기에 있습니다. '가파르다'는 르 불규칙 용언을 따르는데, 이를 모르니 'ㅡ'를 탈락시켜 '가파라'로 적는 것입니다.

국어의 르 불규칙 용언 예시

다르다, 모르다, 빠르다, 부르다, 오르다, 기르다, 배부르다, 이르다, 마르다, 바르다, 서투르다, 흐르다, 들르다, 고르다, 누르다, 이르다, 이르다, 찌르다, 자르다, 지르다 등

'르'를 가졌지만, 규칙 용언인 경우: ― 탈락 규칙

따르다→따라, 들르다→들러,

잇따르다→잇따라, 추스르다→추스러

'르'를 가졌지만,

어미가 바뀌는 불규칙 용언인 경우: 러 불규칙

이르다→이르러, 푸르다→푸르러, 누르다→누르러

18

'얼마예요?'와 '얼마에요?'

AI로 줄일 수 있는 노동의 값은 **얼마예요?**

'에요'와 '예요'를 혼동하는 일은 정말 많습니다. 이를 확실히 구분하려면 '이다' 뒤에는 '이에요'가 온다는 점을 기억하세요.

✓ 사랑이다→사랑이에요   자음 뒤→사랑예요.(×)

✓ 친구이다→친구이에요→친구예요   모음 뒤→친구예요.(○)

자음으로 끝나는 말 뒤에 오는 '이에요'는 '예요'로 줄여 쓸 수 없지만, 모음으로 끝나는 말 뒤에 오는 '이에요'는 '예요'로 줄일 수 있어요. 입말로는 아예 '예요'로만 쓰기도 하지요. '이어요'를 줄여 '여요'라고 말하는 것도 올바른 표기입니다.

✓ 얼마이다 → 얼마이에요 → 얼마예요?(○)

✓ 얼마이다 → 얼마이어요 → 얼마여요?(○)

'얼마'는 모음으로 끝나는 말이죠? 따라서 이 뒤에 오는 '이에요'는 '예요'로 줄여 쓸 수 있습니다. 여기서 중요한 점을 짚어봅시다. 우리가 지금까지 본 예시는 '이다'가 연결된 것들입니다. 국어에서 '이다'는 무엇 뒤에 쓰이는 말인가요?

✓ **명사**: 사랑, 친구, 얼마, 학생, 학교, 아줌마, 문법 등

✓ **대명사**: 나, 너, 우리, 저희, 이것, 저것, 그것 등

✓ **수사**: 하나, 둘, 셋, 넷, 다섯, 하루, 이틀, 열흘 등

조사 '이다' 앞에는 명사, 대명사, 수사, 그리고 이것들을 대체하는 단어가 놓입니다. 다른 품사의 역할을 대체할 수 있다는 것은 곧 문장 안에서 역할이 유동적

이라는 뜻입니다. 예를 들어 '사랑하다'는 동사예요. 이것을 '사랑하기'로 바꾸면 품사는 변하지 않았지만 명사의 역할을 한단 말이죠. 그러면 아래와 같이 '이다'를 붙일 수 있어요.

✔ 내게 지금 가장 힘든 일은 사랑하기이다.

이렇게 공들여서 '이다' 앞에 오는 단어들을 설명하는 이유는 '이다'가 붙지 않은 경우에는 이 단어들의 쓰임이 다르다는 것을 강조하기 위해서입니다.

✔ 그건 내가 바라는 삶이 아니에요.

이 문장에 쓰인 '아니에요'의 기본형 '아니다'는 '이다'의 반대말입니다. '아니다'는 '아니'에 '-이다'가 더해져 만들어진 말이 아니라 그 자체로 한 단어라는 것이죠. 더 정확히 말하자면 '아니' 뒤에는 '이다'가 붙을 수 없어요. 그러니 당연히 '아니이에요'나 '아니이어요'라는 말도, 이를 줄여서 '아니예요'나 '아니여요'로 쓰는 것도 불가능하겠죠?

'아니다'는 어미 '-어요'나 '-에요'가 직접 연결되어서 '아니어요', '아니에요'로 쓰입니다. 이를 줄여서 '아녀요', '아녜요'로 쓰는 것도 가능하고요. 다만 글로 쓸 때는 '아니어요', '아니에요'로 변형 없이 적어서 혼동을 줄이는 편이 좋습니다.

✓ 전 여기 사람이 아니어요. → [준] 아녀요

전 여기 학생이 아니에요. → [준] 아녜요

✓ 그런 말이 아니어요. → [준] 아녀요

그런 말이 아니에요. → [준] 아녜요

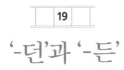

'-던'과 '-든'

전원주택에서 한가함을 누리**든** 도시아파트에서 편안함을 누리**든** 너의 선택이다.

'-던/든', '-던지/든지'를 정확히 구분하려면 '-더-'를 확인하면 됩니다.

✓ 전지현이 정말 예쁘**더**라.
    └→ 과거 회상

'-더-'에는 과거를 회상하는 의미가 있어요. 문장에 과거형 표현이 있거나 과거에 있던 일을 이야기하려

고 한다면 '-더-'를 활용한 '-던'이나 '-던지'를 사용하
면 돼요.

✓ 그 겨울은 어찌나 **춥던지** 방안의 물이 다 얼었다더라.
✓ 그렇게도 덥**던** 그 여름이 이제 막 끝나고 있다.

반면 '-든', '-든지'는 무엇인가를 선택할 때 쓰는 말
입니다.

✓ 기**든지**, 걷**든지**, 뛰**든지** 날**든지** 능력껏 해보게나.
= 기**든**, 걷**든**, 뛰**든** 날**든** 능력껏 해보게나.

위의 예에는 어떤 선택지가 있나요? '기는 것, 걷는
것, 뛰는 것, 나는 것' 중 선택하라고 말하고 있죠? '-든'
은 생각보다 일상에서 많이 쓰입니다.

✓ 언제 어디서**든지** 최선을 다하라는 말은 나에게 너무 가혹
하다.

위의 예에는 선택할 것들이 나열되지 않았습니다.

하지만 현실에서 만나는 여러 장소 중에서 선택하는 의미이니 '-든지'가 쓰인 거예요. 여기에는 과거의 의미가 없다는 점을 주목하세요. 과거 회상의 의미를 가진 '-더-'에 주목하면 이 둘의 구분이 생각보다 쉬워진다는 사실, 잊지 마세요.

2 장

잘못 쓰면
뜻이 크게
달라지는 말

'가르치다'와 '가리키다'

> 박 대리: 지금 커서로 **가리키는** 부분이 중요하니까
> 기억해 두세요.
>
> 김 사원: 앞으로도 많이 **가르쳐** 주세요.

'가르치다'는 '교육'의 의미이고, '가리키다'는 '지시'의 의미라는 사실은 많이 알려져 있습니다. 그래도 '가르치다'와 '가리키다'가 헷갈린다면 목적어와 함께 파악하는 것이 혼동을 줄이는 데 도움이 됩니다.

✔ **학생을** 가르치다.

✔ **방향을** 가리키다.

이렇게요. 이때 헷갈리는 두 어휘를 문장째 기억하는 것이 좋아요. 규칙을 외우는 것보다 실제로 말하고 글을 쓰면서 더 많은 것을 익힐 수도 있습니다. 목적어와 함께 '가르치다'와 '가리키다'를 익히고, 우리가 공부한 것을 넘어서는 예에는 무엇이 있는지 관심을 기울이면 더욱 좋습니다.

✔ 앞에 앉은 **학생을 가리키면서** 말한다.
✔ 올바른 삶의 **방향을 가르친다**.

위의 두 문장 모두 올바른 표현입니다. 첫 번째 문장의 '가리키면서'는 '학생을 지시하다'의 의미입니다. 두 번째 문장의 '가르친다'는 언뜻 잘못 쓰인 것으로 착각할 수도 있지만, 이 문장에서는 '삶의 방향을 교육한다'는 의미이니 옳은 표현입니다. 이처럼 어떤 어휘가 제대로 쓰였는지 확인하려면 앞뒤에 함께 놓인 단어와 문장의 전체 의미를 확인해야 합니다.

'가리키다'와 '가르치다'를 헷갈려하는 사람들이 많아지면서 새로운 오류가 발생했어요. 바로 '가리키다'

를 '가르키다'라고 잘못 적는 경우입니다. 이런 일은 '가르치다'가 '가리키다'보다 더 자주 쓰이기 때문에 생기는 거예요. 이렇게 어떤 오류가 있는지 아는 것만으로도 실수를 줄일 수 있답니다.

'갔다', '같다', '갖다'

청춘이 왔다 **갔다**.

내 마음이 별과 **같다**.

네 마음을 다 **갖다**.

위의 '같다', '갔다', '갖다' 중 기본형이 아닌 것은 무엇일까요? 바로 '갔다'입니다. '갔다'의 기본형은 '가다'입니다. 국어는 '같다', '가다', '갖다'와 같은 단어에서 의미를 가진 부분인 '같-', '가-', '갖-'이 절대 홀로 쓰이지 않는다는 특징을 가집니다. 이 '같-', '가-', '갖-' 뒤에 놓이는 꼬리 부분, 즉 '어미'가 큰 역할을 하죠.

예를 들어 기본형 '가다'가 '갔다'가 되며 바뀌는 점은 무엇일까요? 바로 과거에 일어난 일이 된다는 점입니다. 겨우 'ㅆ'이 들어갔을 뿐인데 말이죠. 이 'ㅆ'은 '-았/었-'과 같은 의미의 어미입니다. 이참에 시제를 표현하는 어미를 정리해 볼까요? '가다', '먹다', '막다'로 예를 들어 보겠습니다.

기본형	현재	과거	미래
가다	간다	갔다	가겠다
먹다	먹는다	먹었다	먹겠다
막다	막는다	막았다	막겠다
	-ㄴ/는-	-ㅆ/았/었-	-겠-

이렇듯 '갔다'는 기본형이 아니니 '같다'나 '갖다'와 함께 놓일 수 없습니다. 기본형부터 생각하면 맞춤법에 대한 혼란을 덜어낼 수 있습니다. '가다'의 과거형인 '갔다'를 발음해 보세요. [가따] 또는 [간따]이지요. 이는 '같다', '갖다'의 발음과도 같습니다. 발음이 같으니 어떤 받침을 적어야 할지 헷갈릴 수 있죠.

'갔다', '같다', '갖다'의 구분이 어려울 때는 일단 문장의 뜻을 파악해야 합니다. 먼저 '가다'의 과거형이 필요한 문장이라면 동사, 형용사의 과거형은 '-았/었-'이고, 이것의 생략형이 'ㅆ'이라는 점을 기억하세요.

'갖다'와 '같다'를 구분하기 이전에, 이를 설명하는 데 도움을 주는 것을 먼저 살펴보기로 해요. 멀리 떨어져서 바라보면 오히려 더 잘 보일 때도 있거든요. 맞춤법의 목적은 뭘까요? 의미를 잘 전달하는 것입니다. 의미를 잘 전달하려면 같은 의미를 가진 단어는 같은 모양으로 적어야 합니다.

'꽃'을 왜 '꽃'이라고 적어야 할까요? 절대로 [꽃]이라고 발음할 수 없는데도 말이죠. '꽃'의 원래 발음을 알기 위해 모음으로 시작하는 조사를 붙여 보겠습니다. '꽃+이[꼬치]'에서 [치]의 첫소리로 넘어간 'ㅊ'은 앞말의 것입니다. '꽃'이라는 의미를 지키려면 이를 앞말에 돌려주어 '꽃'이라 적어야 합니다. 언제나 이 모양으로 적어야 의미가 통합니다. 이 책에서는 이를 '받침 돌려주기'라고 부를 거예요. 이제 우리 머릿속에는 '꽃'이라는 단어가 저장되어 있으니 어떠한 변형을 만나더라도 '받침 돌려주기'를 활용하여 '꽃'이라는 말을 되찾는 거예요. 우리말의 표기 원리는 이런 방식으로 정해진답니다.

'갖다, 같다'에 '아' 또는 '어'를 붙이고, 이를 활용해 짧은 문장을 만들어 보세요. 그리고 발음을 확인해 보세요.

✓ 원리가 **같아요**.

↳ 발음 [가타요] → 받침 돌려주기 후에는 '같아요'
우리 머릿속에는 이 말이 '같다'로 저장되어 있음

'같아요'의 발음 [가타요]에서 'ㅌ'은 앞말의 받침이 옮겨온 것입니다. 그러니 이를 반대로 해 볼 수도 있겠죠? '가'에 'ㅌ'을 돌려주어 '같아요'라고 적는 겁니다.

'갖다'는 '가지다'의 준말이에요. 두 단어를 함께 보면 '갖다'에 받침 'ㅈ'을 쓰는 이유가 보입니다. 'ㅈ'이 없으면 이 두 단어가 같은 의미라는 것을 알 수 없잖아요. '같은 의미의 단어는 같은 모양을 가져야 한다.' 이 점을 꼭 기억해 두세요.

'났다', '낫다', '낳다'

> 개천에서 용 **났다**.
>
> 네가 제일 **낫다**.
>
> 예쁜 아기를 **낳다**.

먼저 '났다', '낫다', '낳다' 중 종류가 다른 것을 제거합시다. 기본형이 아닌 것부터 제외하라는 의미입니다. 아무래도 '났다'겠지요? 'ㅆ'은 과거를 나타내는 '-았-', '-었-'의 줄임말이니까요. 즉, '났다'의 기본형은 '나다'예요. 이렇게 기본형을 먼저 따져보는 습관을 들이면 발음에 속아 다른 단어와 혼동하는 일을 줄일 수 있어요.

이제 '낫다'와 '낳다'만 구분하면 되겠네요. 둘 중 더 구분하기 쉬운 것은 '낳다'입니다. 기본형을 발음해 보세요.

✓ 예쁜 아기를 **낳다**.
   └ 발음 [나타]
      └ ㅌ=ㅎ+ㄷ ㅎ 받침 돌려주기
         └ 거센소리되기 현상(유기음화)

'낳다'의 발음 [나타]에 주목하세요.

기본형에는 어미 '-다'를 붙입니다. 이 '다'가 [타]로 발음된다면 다른 무엇이 관여했다는 의미입니다. 국어에는 예사소리(평음), 된소리(경음), 거센소리(유기음)가 있어요. 이 중 거센소리는 예사소리에 'ㅎ'이 합쳐진 소리입니다. 우리말에서 흔히 일어나는 현상이지요.

✓ ㄱ+ㅎ→ㅋ 국화[구콰]

✓ ㄷ+ㅎ→ㅌ 맏형[마텽]

✓ ㅂ+ㅎ→ㅍ 좁히다[조피다]

✓ ㅈ+ㅎ→ㅊ 꽂히다[꼬치다]

이렇게 'ㅎ'과 예사소리가 합쳐져 거센소리가 되는 현상을 '거센소리되기 현상' 또는 '유기음화'라고 합니다. 유기음화는 'ㅎ'이 예사소리 앞에 있든 뒤에 있든 동일하게 적용되는 현상입니다. 그렇다면 [나타]의 발음은 [나ㅎ다]로 쪼갤 수 있겠지요? 여기서 'ㅎ'만 앞말에 돌려주세요. 기본형은 어간에 '-다'만 붙이는 것이니 'ㅎ'은 앞말의 것임이 분명합니다. '아기를 낳다'라는 의미일 때는 언제나 '낳아', '낳으니', '낳고'처럼 'ㅎ'을 밝혀 적도록 하세요. 기본형 발음 [나타]를 떠올리면서요. 이 '낳다'의 의미가 확장되어 '어떤 결과를 이루다'라는 의미로 쓰일 때도 마찬가지입니다.

✓ 소문이 소문을 **낳다**.
    └→ ㅌ=ㅎ+ㄷ ㅎ 받침 돌려주기
        └→ 거센소리되기 현상(유기음화)

'더 좋다' 또는 '완쾌'를 뜻하는 '낫다'는 그 사용이 조금 더 까다롭습니다.

✔ 병이 **나으니** 삶이 더 **나으려나?**

⌐ 기본형: 낫다 ⌐

　앞서 모음으로 시작되는 어미 '-아'를 붙였을 때 [가타]로 발음되는 단어는 'ㅌ' 받침을 앞말에 돌려주어 '같아'로 쓸 수 있고, 따라서 이것의 기본형은 '같다'라고 배웠지요? 그런데 이번에는 경우가 조금 다릅니다. '나으니', '나으려나'에는 돌려줄 받침이 없어요. 그런데 기본형은 '나다'가 아닌 '낫다'입니다. 특이하죠? 옛날에 'ㅿ(반치음)'을 가졌던 말이기 때문이에요.

✔ 자음 앞: 낫고, 낫도록, 낫거든　옛말과 오늘날 말이 같음
　　　　　　　　　　　　　　　　→표기도 동일

✔ 모음 앞: 나스니, 나스려나　옛말 'ㅿ'이 없어졌으며,
　　　　　　　　　　　　　없어진 대로 발음→발음대로 표기
　　　　→ 나으니, 나으려나

　'ㅿ' 발음과 표기는 현대 한국어에 남아 있지 않습니다. 그러니 우리가 이를 모르는 것은 당연해요. 하지만 우리가 쓰는 말에는 그 변화의 결과가 남았어요.

돌려줄 받침이 없는데 기본형을 '낫다'라 하는 데에는 두 가지 이유가 있어요. 첫째, '낫고, 낫더라도, 낫도록, 낫자'처럼 자음 앞의 '낫다'가 옛말 질서 그대로 나타나기 때문이에요. 둘째, 이를 소리 나는 대로 '낟다'라고 하면 원래 'ㅿ'을 가졌던 말이라는 사실을 알기 어려워요. '나ᅀᅳ면'에서 '나으면'으로 변화했다는 사실을 알 수 없다는 뜻이에요. 이런 불규칙 용언은 어려울 수밖에 없습니다.

'ㅅ 불규칙 용언'이 'ㅿ' 변화 때문에 생긴 일이듯이, 'ㅂ 불규칙 용언'도 'ㅸ'의 변화 때문에 생긴 것이에요. '곱다', '고와'처럼 모음에서는 'ㅂ'을 발견할 수 없지만, 기본형을 '곱다'로 보는 것은 '낫다'와 그 원리가 동일합니다.

무엇보다 중요한 것은 'ㅅ 불규칙 용언', 'ㅂ 불규칙 용언'이 있다면 'ㅅ'이나 'ㅂ' 받침을 가진 규칙 용언도 있다는 점입니다. 이는 현재 우리말의 질서대로 움직이니 규칙 용언이라 하는 것이겠지요. 어렵기는 불규칙 용언이 훨씬 어렵지만, 현재 우리말의 질서를 가진 규칙 용언이 더 중요하고 본질적이라는 것을 잊으면 안 됩니다.

ㅅ 불규칙 용언과 규칙 용언

'낫다 → 나아'처럼 받침이 사라지는 것을 'ㅅ 불규칙 용언'이라고 합니다. 이 원리가 어렵게 느껴질 수도 있으나, 모두 일상에서 자연스럽게 쓰고 있는 단어이니 애써 외울 필요 없습니다.

✓ 굿다→금을 그어, 그으니

✓ 낫다→병이 나으니

✓ 붓다→물을 부어

✓ 잇다→인연을 이어

✓ 잣다→실을 자아

✓ 젓다→배를 저으니

✓ 짓다→시를 지어

불규칙 용언을 제대로 사용하려면 규칙 용언부터 알아야겠죠? '벗다'와 '씻다'로 예를 들어 보겠습니다. 자음과 모음의 연결에 유의하며 발음해 보세요. '옷을 벗다', '옷을 벗어', '손을 씻다', '손을 씻어'. [버서], [씨서]에서 'ㅅ' 발음을 확인할 수 있습니다. 모음과 만나면 'ㅅ'을 옮겨오는 규칙 용언과 달리 '낫다', '나아'에서는 'ㅅ'이 사라집니다. 그래서 불규칙 용언인 거예요. 불규칙은 예측이 어려우니 반드시 표기에 반영합니다.

04

'늘이다', '늘리다', '느리다'

취업 정원을 **늘리다**.

소매 길이를 **늘이다**.

속도가 **느리다**.

'늘이다'와 '늘리다'를 구분하기 위해서는 의미가 더 좁다고 생각되는 것에 주목하세요. '늘이다'는 길이와 관련된 표현입니다. 길이를 길어지게, 또는 짧아지게 하는 상황에 사용하세요.

✔ 바짓단을 **늘이다**, 반죽을 **늘이다**

길이가 아닌 경우에는 대부분 '늘리다'를 사용합니다. '늘리다'가 '늘이다'보다 훨씬 넓은 범위에서 사용되는 셈이지요.

✓ 시간을 **늘리다**, 정원을 **늘리다**, 기회를 **늘리다**, 양을 **늘리다**

이 두 단어는 발음이 비슷한 데다 의미도 크게 다르지 않아 혼동하는 일이 잦습니다. 그러니 '늘이다'는 길이와 관련되었을 때만 사용한다는 사실을 기억하면 됩니다. 이와 비슷한 관계의 단어는 더 있습니다. 예를 들어 '벌이다(예: 일을 벌이다)'와 '벌리다(예: 사이를 벌리다)'가 있지요.

'느리다'는 '늘이다', '늘리다'와 의미상 아무런 관련이 없지만, 발음이 같습니다. '누가 '느리다'를 몰라?!'라고 화를 내는 분이 있을지도 모르겠습니다. 좋은 일입니다. 분명한 의미 구분은 맞춤법 준수의 첫걸음이니까요. 하지만 틀린 맞춤법을 보았을 때 왜 오류가 발생했는지 한 번쯤 생각해 보는 것이 좋습니다. 언어의 원리를 파악하는 계기가 될 수도 있으니까요.

'느리다[느리다]'와 '늘이다[느리다]'는 표준발음법

상 발음이 같습니다. 그러니 누군가 이 두 단어를 혼동한다면 그 이유는 입말을 그대로 적었기 때문일 것입니다. 이처럼 입말을 글로 옮길 때는 주의가 필요합니다.

05

'비치다'와 '비추다'

> 호수에 **비친** 달빛을 네 마음에도 **비추고** 싶다.

맞춤법을 공부할 때는 언제나 자신에게 더 익숙하거나 쉬운 것부터 생각하세요. 우선 '비치다'부터 살펴볼까요? 아래의 예시와 함께 살펴보면 단어의 뜻을 더욱 쉽게 파악할 수 있어요.

✓ 창에 **비친** 그림자.

✓ 옷이 얇아 속이 **비친다**.

이처럼 '비치다'는 주로 빛 때문에 어떤 모양이 나타

나는 경우에 쓰는 말입니다. '비추다'는 '비치다'에 '-우-'를 더한 말이에요. 이렇게 '-우-'가 더해진 또 다른 단어에는 무엇이 있을까요?

✓ 집이 **비다** - 집을 **비우다**
↳ 비게 하다

'비다'에 '-우-'를 더해 '비우다'가 되면 '~하게 하다'라는 의미가 됩니다. '비추다' 역시 마찬가지로 '비치게 하다'라는 의미가 됩니다. '비추다'는 다음과 같이 활용할 수 있습니다.

✓ 거울에 얼굴을 **비추다**.
✓ 전등으로 방을 **비추다**.

06

'무치다'와 '묻히다'

독립지사의 유해가 고국에 **묻혔다**.

나물을 **무치다** 옷에 기름을 묻혔다.

'무치다'와 '묻히다'는 발음이 [무치다]로 같으므로 헷갈릴 수도 있습니다. 그러나 이 둘을 구분하는 방법은 쉽습니다. '무치다'를 쓰는 경우는 '나물 등에 양념을 넣고 무치다'뿐이니까요. 문장의 목적어를 파악하고 그것과 함께 따져보면 오류를 줄일 수 있어요.

그럼 '묻히다'는 어떤 경우에 사용할까요? 이는 '묻-'에 주목하면 쉽게 알 수 있습니다. 우리말에는 '묻다'라는 단어가 세 개나 있습니다. 소리는 같지만 뜻이

다른 단어, 즉 '동음이의어'죠.

✔ 묻다

의 ① 질문하다 ② 흙 따위로 덮다 ③ 무엇인가 달라붙다

이 중 '흙 따위로 덮다'라는 의미로 쓰이는 '묻다'에는 '-히-'를 붙혀 '묻히다'라고 쓸 수 있습니다. '무엇인가 달라붙다'라는 의미의 '묻다'에도 '-히-'를 붙여 '묻히다'로 쓸 수 있습니다. 두 가지 '묻히다' 모두 기본형인 '묻다'의 의미를 잃지 않기 때문에 '묻-'을 밝혀 적어야 합니다. 같은 의미를 가진 말은 같은 모양으로 적어야 하니까요.

'무치다' 역시 '묻히다'로부터 왔겠지요? 양념을 야채 등에 묻게 하는 행동이니까요. 하지만 오늘날 '무치다'는 원말인 '묻히다'로부터 완전히 독립하여 '버무리다', '뒤섞다'라는 새로운 의미를 가진 새 말이 되었어요. 어원에서 멀어진 것이죠. 어원에서 멀어진 것은 소리 나는 대로 적는 것이 맞춤법의 원칙이었지요? 이는 '나물을 무치다'처럼 특정 의미로만 쓰이니 함께 쓰이는 단어를 기억해 두세요.

'띠다'와 '띄다'

얼굴에 미소를 **띤** 소녀가 특히 눈에 **띈다**.

우선 '띠다'부터 살펴보겠습니다. '띠다'에는 다음과 같은 의미가 있습니다.

✓ **띠다**

⑨ ①용무나 사명 따위를 가지다 ②어떠한 빛이나 색 따위를 가지다 ③감정이나 기운 따위를 보이다 ④어떠한 성질을 가지다

'허리띠를 띠다'와 같이 띠나 끈을 두른다는 뜻도 있

는데, 요즘에는 거의 사용하지 않아요.

이제 어떤 말들과 함께, 어떻게 활용되는지 확인해
보도록 하겠습니다.

- ✓ 사명을 **띠다**.
- ✓ 푸른 빛을 **띠다**.
- ✓ 미소를 **띠다**.
- ✓ 방어적인 성격을 **띠다**.

이렇게 함께 놓이는 말과 함께 생각하면 단어의 의
미를 더 쉽고 정확하게 알 수 있습니다.

그런데 이 '띠다'를 '띄다'로 잘못 쓰는 일이 많습니
다. 두 단어의 발음이 거의 같아 벌어진 일이에요. 하
지만 두 단어는 전혀 다른 뜻을 갖고 있습니다. '띄다'
는 '뜨이다'의 준말로, '뜨다'에 '-이-'가 붙은 말입니다.
'띄다'의 표기가 어렵게 느껴질 때에는 이 단어를 '뜨
이다'로 바꾸어 보세요.

- ✓ 눈에 **띈** 사람 → 눈에 **뜨인** 사람
- ✓ 귀가 번쩍 **띈** 소식 → 귀가 번쩍 **뜨인** 소식

✓ 바늘로 한 땀 한 땀 **띈** 십자수

→ 바늘로 한 땀 한 땀 **뜨인** 십자수

위의 예시를 통해 알 수 있듯 '띄다'는 모두 '뜨다'라는 단어와 관련 있습니다. 때문에 표기에 '뜨'를 밝혀 적습니다.

07

'배다'와 '베다'

베개에도 손을 **벨** 수 있어.

새끼를 **밴** 짐승은 예민해지니 조심해야 한다.

　'배다'와 '베다'는 발음만으로는 구분하기 어렵습니다. 우리말 'ㅔ'와 'ㅐ'를 소리만으로 구분하기는 어렵거든요. 게다가 '베다'와 '배다'는 의미가 여럿이어서 더 헷갈립니다. '배다'만 해도 세 가지 의미를 가진 말이에요. 같은 모양으로 적지만 '스며들다', '잉태하다', '촘촘하다'라는 각기 다른 세 가지 단어, 즉 동음이의어인 거든요. '베다' 역시 두 가지 뜻을 가진 동음이의어예요. 일단 일상에서 더 많이 쓰는 말인 '베다'부터 볼까요?

'베다'에는 크게 두 가지 뜻이 있습니다. 먼저 '머리에 무엇을 받치다'라는 의미의 '베다'가 있습니다. 때문에 잘 때 머리 아래에 받치는 물건은 '베다'의 '베'에 '어떠한 행위를 하도록 하는 도구'라는 뜻의 접미사 '-개'를 붙여 '베개'라고 합니다.

'베다'에는 '자르다', '끊다'라는 의미도 있습니다. 종이에 스쳐 다쳤을 때 '손가락을 베였다'라고 하죠? 이때의 '베-'는 '베다'에서 나온 것입니다.

✓ 베개를 **베다**.　　　예 받치다

✓ 풀을 **베다**, 손을 **베다**.　　예 끊다

때때로 이 '베개'를 '벼개'라고 잘못 적는 일이 있는데요, 이는 사실 '베개'가 '볘개'에서 변화한 것이기 때문에 남은 흔적입니다. 그리고 우리말에서 'ㅕ'와 'ㅖ'를 혼동하는 일은 생각보다 흔합니다. 예를 들어 볼까요?

✓ 안녕하세요?(○) ~ 안녕하셔요?(○)

며느리(○) ~ 메느리(×)

벼슬(○) ~ 베슬(×)

며칠(○) ~ 메칠(×)

이런 혼동을 발견하면 '언어 변화의 흔적이다'라고 생각하면서 현재 맞춤법을 확인하면 됩니다.

'배다'는 '베다'에 비해 사용빈도가 적습니다. 아래에 '배다'의 세 가지 뜻과 활용 예시를 간단하게 나열해 보았습니다. 무작정 뜻을 외우기보다는 문장과 함께 정확히 이해하는 편이 좋습니다.

✓ 새끼를 **배다**.   옛 아이나 새끼를 가지다

✓ 땀이 **배다**.   옛 스며들다, 스며 나오다

✓ 올이 **배다**.   옛 사이가 촘촘하다

09

'벌리다'와 '벌이다'

그 사업으로 돈이 얼마나 **벌릴지** 알 수 없지.

일을 **벌일** 때는 제발 의논 좀 하자.

'벌이다'와 '벌리다'를 구분하려면 일단 절대 혼동하지 않을 법한 예시부터 살펴보는 것이 좋습니다.

✔ 돈이 **벌리다**.

이 문장에는 주어가 생략되어 있습니다만, 주체의 입장에서는 돈을 '버는' 것이고, '돈'의 입장에서는 '벌어지는' 것이에요. 같은 의미를 가질 때에는 같은 모양으로 적어 주어야 의미 관계를 한눈에 파악할 수 있다는 점, 계속해서 강조하고 있죠?

다른 뜻의 '벌리다'도 알아볼까요? 이 '벌리다'는 눈으로 사이나 간격을 확인할 수 있을 때 쓰이는 말이에요. '넓히다'로 바꿔 쓸 수도 있지요.

- ✓ 입을 **벌리다**.
- ✓ 사이를 **벌리다**.
- ✓ 껍질을 **벌리다**.

한편 '벌이다'는 사이나 간격과는 전혀 관련 없는 단어입니다. '어떤 일을 펼친다'라는 의미거든요. 마찬가지로 예시 문장과 함께 이해해 보세요.

- ✓ 사업을 **벌이다**.
- ✓ 잔치를 **벌이다**.
- ✓ 토론을 **벌이다**.

10

'부수다'와 '부시다'

눈이 **부셔서** 제대로 쳐다보질 못했어.

새로 시작할 때는 이전의 것을 **부술** 필요도 있어.

한때 '부서버리겠어'라는 유행어가 있었습니다. 그런데 이는 맞춤법에 맞지 않는 문장입니다. '부서버리다'의 기본형을 유추해 봅시다. '부시다'와 '버리다'가 연결된 것으로 보이는데 우리말 '부시다'에는 두 가지 의미가 있습니다.

✓ 그릇을 **부시다**.

✓ 눈이 **부시다**.

첫 번째 예시의 '부시다'는 '설거지하다'라는 의미입니다. 자주 사용하는 단어는 아니지요.

우리가 일상에서 쓰는 '부시다'는 대부분 눈과 관련된 것으로, '시리다'나 '쳐다보기 어렵다'라는 의미입니다. '부셔버리겠어'에 이 '부시다'를 적용하면 '눈이 부셔서 버리겠어'라는 이상한 말이 되고 맙니다.

'부셔버리겠어'의 올바른 표기는 '부숴버리겠어'입니다. 이 표현에 쓰인 '부수다'는 '파괴하다', '깨다'라는 뜻을 가집니다. 이 '부숴'는 [부셔]로 잘못 발음하는 일이 잦아서 표기에도 그러한 영향이 미치곤 합니다. 그러나 정확히 기억하세요. 화날 땐 '부숴버리겠어!'라고 하는 겁니다.

11

'붙이다'와 '부치다'

예쁜 우표를 **붙여서** 편지를 **부치자.**

'붙이다'와 '부치다'는 [부치다]로 소리가 같습니다. 그러니 헷갈릴 수 있죠. 이럴 때에는 맞춤법의 대원칙을 생각해 보세요. '같은 의미는 같은 모양으로 적는다!'

우선 '붙이다'의 기본형 '붙다'를 떠올려보세요. 기본형에서 '붙-'을 밝혀 적어 '붙이다'의 의미가 '붙다'와 관련 있음을 나타낸 거예요. 즉 '붙이다'에는 '붙다'의 의미가 살아 있습니다.

✓ 우표를 **붙이다**.

✓ 벽에 **붙이다**.

✓ 불을 **붙이다**.

✓ 취미를 **붙이다**.

✓ 별명을 **붙이다**.

이와 달리 '부치다'는 '붙다'에서 멀어져 새로운 의미가 생긴 경우입니다. 어원에서 멀어졌으므로 소리 나는 대로 적어야겠죠? 그래서 '부치다'라고 적습니다. 역시 함께 놓이는 말로 구분해 보겠습니다.

✓ 힘이 **부치다**.

✓ 편지를 **부치다**.

✓ 논밭을 **부친다**.

✓ 빈대떡을 **부친다**.

✓ 회의에 **부친다**.

✓ 숙식을 **부친다**.

참고로 우리말에 '붙히다'라는 말은 없어요! 이런 잘못된 표기를 쓰지 않도록 주의하세요.

'바라다'와 '바래다'

> 우리의 우정이 빛**바래지** 않기를 **바란다.**
>
> 너희 집까지 **바래다**줄게.

사실 '바라다'와 '바래다'의 의미 구분은 그렇게 어렵지 않아요.

- ✓ 아이의 합격을 **바라는** 마음.   예 소망하다
- ✓ 누렇게 **바랜** 일기장.   예 색이 날아가다
- ✓ **바래다**줄게.   예 배웅하다

중요한 것은 이 단어 중에 무엇의 사용이 더 잦은

가하는 것입니다. 아무래도 이 중 '소망하다'라는 의미의 '바라다'를 가장 많이 씁니다. 압도적이지요. '색이 날아가다'라는 의미의 '바래다'는 모르는 사람도 많습니다. 한편 '배웅하다'라는 의미의 '바래다'는 딱 '바래다주다'로만 쓰이기 때문에 혼동하는 경우가 드물어요. 그러니 사실 여러분이 헷갈리는 건 '소망하다'라는 뜻의 '바라다'와 '색이 날아가다'라는 뜻의 '바래다'입니다. 요즘 두 단어가 서로의 영역을 침범하는 일이 많아지고 있어요. 특히 아래의 예에 주의하세요. 자신이 무엇을 잘못 쓰는지 알아 두면 실수를 줄일 수 있습니다.

✓ 늦지 않기를 **바래** → 바라
✓ 작은 **바램이다** → 바람이다

13

'빗다'와 '빚다'

곱게 단장하고 머리도 곱게 **빗어** 소망을 **빚는다**.

'빗다'와 '빚다'는 전혀 다른 단어입니다. 이 두 단어는 발음만으로도 정확하게 구분할 수 있습니다. 모음 어미를 연결하면서 뒤로 넘어간 'ㅅ'이나 'ㅈ'을 확인해 보세요.

- ✓ **빗다**: 빗어[비서], 빗으니[비스니]
  - 옛) 빗 등을 사용하여 머리를 가지런하게 하다
- ✓ **빚다**: 빚어[비저], 빚으니[비즈니]
  - 옛) 가루로 무엇을 만들다

연음으로 뒤로 넘어간 받침을 앞말에 돌려주어 '빗다', '빚다'로 적음으로써 같은 의미의 말을 같은 모양으로 적는 것이지요. 이런 말들의 의미를 정확히 구분하려면 앞에 놓이는 말과 함께 기억하는 것이 좋습니다. 언어를 배울 때 일반적으로 활용하는 방식이에요. 어떤 언어든 말이죠. 예를 들어 볼까요?

✓ 머리를 **빗다**.

✓ 송편을 **빚다**.

→ 확장: 혼선을 **빚다**.

차질을 **빚다**.

물의를 **빚다**.

갈등을 **빚다**.

요새는 '빚다'의 의미가 확장되어 널리 쓰이고 있어요. '가루를 활용하여 떡이나 술을 만든다'는 의미에 한정되는 것이 아니라 여러 상황에 쓰입니다. 심지어 '소망을 빚다'와 같이 비유적으로 쓰이기도 합니다. 이 역시 앞에 놓이는 말에 주목하여 기억하면 앞으로는 정확하게 표기할 수 있을 거예요.

14

'바치다', '받치다',
'받히다', '밭치다'

목숨을 **바친** 이들을 기억해야 한다.

아랫돌 빼어 윗돌 **받치기**.

매일 같은 모서리에 **받히다니**, 너도 참 대단하다.

'바치다', '받치다', '받히다', '밭치다'. 이 네 단어를 한꺼번에 보는 것만으로도 멀미가 날 수 있어요. 예시와 함께 하나씩 확인하면서 그 울렁거림을 줄여 보기로 해요. 단어가 쓰이는 상황을 생각하면서 하나하나 살피면 그렇게 어렵지만도 않아요.

✓ 역사 연구에 평생을 **바쳤다**. ㉘ 내놓다, 헌신하다
  └→ 기본형: 바치다

✓ 한쪽을 **받쳐** 균형을 잡았다. ㉘ 받들다, 괴다
  └→ 기본형: 받치다

✓ 트럭에 **받혀** 크게 다쳤다. ㉘ 부딪히다, 들이받아지다
  └→ 기본형: 받다

✓ 채반에 **밭쳐** 물기를 뺐다. ㉘ 거르다, 여과하다
  └→ 기본형: 밭다

'바치다'는 '목숨을 바치다'처럼 무엇인가를 내놓을 때 쓰는 말입니다.

'받치다'는 아래에서 지탱한다는 의미로 '우산을 받치다', '위를 받치다' 등에 쓰입니다. 때때로 소화가 되지 않을 때에 '받친다'라고 쓰기도 하고요.

'받히다'는 '들이받다'의 '받다'와 관련된 말입니다. '-히-'가 들어가 '들이받음 당함'을 표현한 것이죠. 교통사고 상황을 생각하면 됩니다.

마지막으로 '밭치다'는 위의 세 단어에 비해서 거의 쓰이지 않는 말이에요. '거르다'라든지, '여과하다'라는 말을 훨씬 많이 쓰면서 '밭치다'라는 단어의 쓰임이 점

점 줄어들었습니다. 이렇게 우리가 어떤 말을 어떻게 쓰느냐가 단어의 변화에도 영향을 줍니다.

이 네 단어는 비슷한 소리로 발음됩니다. 그러나 원리를 생각하면 다른 모양의 글자에서 같은 소리가 나는 것을 이해할 수 있습니다.

✓ 바치다**[바치다]**: 받히다

└→ ㄷ+ㅎ → ㅌ: 유기음화 적용 [바티다]

| 모음 앞에서 ㅌ→ㅊ ←┘
: 구개음화 적용 → [바치다]

✓ 받치다**[받치다]**: 받치다

└─ 음절의 끝소리현상 적용 → **[받치다]**

구개음화

'구개음화'라는 이름에 주목하세요. 음운현상의 명칭은 바뀐 소리를 활용해 짓습니다. 따라서 이것은 '원래 구개음이 아니던 소리가 구개음이 되었다'는 뜻입니다. 그렇다면 '구개음'은 무엇일까요?

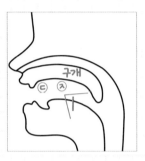

'구개'는 입천장이라는 뜻입니다. 따라서 '구개음'은 입천장 소리죠. 정확히는 혓바닥과 입천장에서 나는 소리입니다. [즈], [츠], [쯔]를 발음하면서 입안을 느껴 보세요. 그것이 구개음입니다.

'ㄷ'은 구개음이 아니에요. [드], [뜨], [트]를 발음해 보세요. 혀끝과 잇몸 사이에서 소리가 나지요. 그래서 이런 소리를 '혀끝소리' 혹은 '치조음'이라고 해요.

그럼 [이]는 어디서 소리가 나나요? 직접 발음해 보세요. [이]는 구개음과 소리 나는 위치가 같습니다. 발음을 편하게 하기 위해 'ㄷ, ㅌ, ㄸ'를 '이' 모음의 위치로 끌어당기는 음운 현상을 구개음화라고 하는 거예요. 그러니 구개음화는 'ㅣ' 모음 앞에서 'ㄷ, ㅌ, ㄸ'가 'ㅈ, ㅊ, ㅉ'가 되는 현상이라고 정리할 수 있습니다.

15

'마치다', '맞히다', '맞추다'

작업을 **마친** 순간의 기쁨을 적어 두어야겠다.

유아의 예방주사 **맞히기**는 부모들에게 중요한 과제다.

앞뒤 길이를 잘 **맞추어야** 모양을 유지할 수 있다.

'마치다'와 '맞히다'는 모두 [마치다]로 소리가 같지만, 뜻을 구분하기는 그렇게 어렵지 않아요.

일단 '마치다'는 '끝을 내다'라는 뜻입니다. 단어 자체는 어렵지 않죠? 그런데 이를 '맞히다'와 구분하려 하면 조금 복잡해집니다. 더 어렵게 느껴지는 '맞히다'가 어떻게 쓰이는지 살펴보며 복잡함을 줄여 봅시다.

✓ 예방주사를 **맞히다**.

✓ 정답을 **맞히다**.

✓ 비를 **맞히다**.

✓ 바람을 **맞히다**.

위의 예시는 모두 '맞게 하다'라는 의미를 가집니다. '맞히다'의 '-히-'가 '~게 하다'의 의미를 만들기 때문이에요. '맞히다'의 '맞-'이 '맞다'와 그 의미가 같으니 같은 모양으로 적어 주는 것이지요.

이와 달리 '맞추다'에는 언제나 둘 이상의 관계가 있습니다. 아래의 예와 함께 이를 확인해 볼까요?

✓ 짝을 **맞추다**.

✓ 입을 **맞추다**.

✓ 호흡을 **맞추다**.

✓ 손발을 **맞추다**.

'짝', '입', '호흡', '손발', 모두 혼자 하는 행동이 아닌 다른 누군가와 함께하는 행동을 나타냅니다. 따라서 '맞추다'는 'A와 B를 맞추다'로 기억해도 좋습니다.

16

'앉히다'와 '안치다'

아이를 보행기에 **앉힌** 후에 서둘러 밥을 **안쳤다.**

'앉히다'와 '안치다'는 모두 [안치다]로 발음이 같아요. 이 둘 중 어떤 단어가 더 쉬운가요? 여러분의 대답이 '앉히다'였으면 좋겠어요. 우선 매일 사용하는 단어인 '앉다'로부터 온 말이잖아요. 앞서 배웠듯 이 단어에 '앉다'라는 의미가 있으니 같은 모양, 즉 '앉-'을 밝혀 써 줍니다. '앉히다'의 '-히-'에는 '~게 하다'라는 의미가 있습니다. 따라서 '앉히다'의 의미는 '앉게 하다'가 됩니다. '앉다'든 '앉히다'든 일상에서 아주 자주 쓰이는 단어예요.

✓ 영희가 의자에 **앉다**.

✓ 영희를 의자에 **앉히다**.

        └→ 앉게 하다('-히-'가 '게 ~하다'의 의미를 줌)

아래와 같이 확장해 사용되기도 합니다.

✓ 새 가구를 주방에 **앉히다**.

        └→ 놓다

✓ 자기 아들을 사장 자리에 **앉히다**.

        └→ 특정 지위를 주다, 임명하다

하지만 '안치다'는 이와 전혀 다른 용례로 쓰입니다. 일단 이 단어는 아주 좁은 범위에만 쓰입니다. 이 단어는 '솥이나 냄비에 재료를 넣고 불 위에 올리는 행동'을 가리키는 것으로, 주로 요리 분야에서 쓰입니다.

✓ 시루에 떡을 **안치다**.

✓ 솥에 밥을 **안치다**.

물론 '안치다'라는 단어의 시작점은 '앉히다'겠지요.

하지만 오늘날에는 '앉히다'의 의미가 또렷하지 않고 특정 영역에서만 나타나잖아요. 이렇게 어원에서 멀어져 새로운 의미로 정착한 말은 소리 나는 대로 적습니다. 대표적인 맞춤법 원칙이지요. 그래서 [안치다] 라고 소리 나는 대로 적는 것이 올바른 표기예요.

17

'식히다'와 '시키다'

우유 **식히는** 일을 왜 매일 나한테 **시키는** 거야?

'식히다'와 '시키다'는 서로 아주 다른 단어죠? 의미도 다르고 역할도 다릅니다. '이걸 어려워하는 사람이 있단 말이야?'라고 생각하고 계실지도 모르겠습니다. 그런데 여기에는 좀 복잡한 맞춤법이 적용되어 있어서 종종 혼동이 생기기도 하지요. 일단 '식히다'부터 살펴볼까요?

✔ 더위를 **식히다**.
   ↳ 식게 하다

'식히다'의 기본형은 '식다'입니다. 주로 '더운 기운이 없어지다'라는 뜻으로 쓰나, '어떤 일에 대한 열의가 사라지다'라는 뜻으로 쓰이기도 합니다. '식히다'는 '식다'의 의미를 그대로 가져가니 '식-'을 밝혀 적어야 합니다. 그리고 '식히다'의 '-히-'는 '-게 하다'라는 뜻이니 '식히다'는 '식게 하다'라는 뜻이 됩니다. 어렵지 않죠?

문제는 '시키다'입니다. '시키다'는 '어떤 행동을 하다'라는 뜻이에요. 여기서 주목할 점은 '-히-'와 이 '시키다'의 뜻이 같다는 점입니다.

'시키다'는 오늘날 어마어마하게 많은 단어를 만들어내고 있습니다.

✔ 상기시키다, 환기시키다, 향상시키다, 주지시키다, 접목시키다, 부각시키다, 변화시키다, 가중시키다, 진정시키다, 전복시키다, 신장시키다, 접목시키다, 진작시키다, 각인시키다, 결부시키다, 독립시키다, 감염시키다, 부식시키다, 이해시키다, 중단시키다 등

'시키다'가 만들어낸 단어를 조금만 생각해 봐도 이렇게나 많습니다. 우리는 일상에서 '시키다'를 응용한 단어들을 곧잘 사용합니다. '목욕시키다', '퇴근시키다'와 같이요. 그런데 이런 단어를 쓸 때 이것을 띄어 써야 할지 붙여 써야 할지 고민한 적 없으신가요? '○○시키다'가 완전히 새 단어로 인정 받았는지 혹은 그렇지 않은지를 아는 것은 쉬운 일이 아니니 헷갈릴 수 있습니다.

일단 '시키다' 앞에 놓인 말이 '상기', '환기', '향상'처럼 명사인 경우에는 붙여 적습니다. 하지만 다음과 같이 그렇지 않은 경우에는 띄어 적어야 해요.

✓ 용돈을 주라고 **시켰다**.

18

'세다', '새다', '쇠다'

> 숫자를 **세는** 일에 실수가 있으면 안 돼.
>
> 안에서 **새는** 바가지 밖에서도 **샌다**.
>
> 명절을 **쇠는** 일은 아직도 큰 부담이다.

'세다'와 '새다'를 구분하는 데 어려움을 못 느낀다면, 퀴즈를 하나 낼게요. '머리카락이 하얘지는 것'은 '세다'와 '새다' 중 무엇일까요? 또 '날이 밝는 것'은 '세다'일까요 '새다'일까요? 이 단어들의 구분이 어려운 이유는 '세다'와 '새다'의 뜻이 하나가 아니기 때문이에요. 예시와 함께 정리해 볼까요?

✔ 힘이 **세다**.   ㉑ 강하다

✔ 숫자를 **세다**.   ㉑ 셈하다

✔ 머리카락이 **세다**.   ㉑ 하얘지다

각각의 의미를 가진 세 단어 모두 '세다'로 적습니다. 앞의 두 단어는 일상에서 많이 쓰이지만, '머리카락이 세다'와 같은 표현은 시간이 흐르며 사용하는 빈도가 점차 줄어들고 있기 때문에 이를 사용해야 한 때 어렵게 느껴질 수 있습니다.

'새다'도 두 개의 단어로 구분할 수 있어요.

✔ 물이 **새다**.   ㉑ 틈으로 나오다

✔ 날이 **새다**.   ㉑ 밝아오다

밤에 잠들지 않고 뜬눈으로 지내는 것을 '새우다'라고 합니다. 이때 '새우다'는 '새다'에 '-우-'를 더한 것입니다. 이처럼 '-우-'가 들어가면 사동(-게 하다)의 의미를 가진 말이 됩니다.

✓ 꽃이 피다 → 꽃을 피**우**다
    └→ 피게 하다

✓ 공간이 비다 → 공간을 비**우**다
    └→ 비게 하다

✓ 사이에 끼다 → 사이에 끼**우**다
    └→ 끼게 하다

✓ 흔적이 지다 → 흔적을 지**우**다
    └→ 지게 하다

  우리 조상들은 밤에 잠을 자지 않는 것을 '밤을 새다'가 아닌 '밤을 새우다'라고 했습니다. 날은 가만히 있어도 밝아오니 '새는' 것이지만, 우리가 자지 않고 깨어 있어 밤이 '새게' 하면 '새우는' 것이 됩니다. 정말 재미있지 않나요? '밤은 새우는 것', 꼭 기억해 두세요.

19

'반드시'와 '반듯이'

오래 있을 때는 **반드시** 자세를 반듯이 해야 합니다.

'반드시'와 '반듯이'는 모두 올바른 표기입니다. 그리고 두 단어 모두 [반드시]로 소리 납니다. 두 단어의 다른 점을 살펴보면서 맞춤법 표기의 원리에 주목하기로 해요.

'반듯이'는 받침에 사이시옷을 밝혀 적었고, '반드시'는 소리 나는 대로 적었습니다. 앞서 같은 의미를 가진 단어는 같은 모양으로 적는다고 했어요. 그렇다면 '반듯'과 동일한 의미에 동일한 모양을 한 단어가 있겠군요. 그렇습니다. '반듯이'는 '반듯하다'로부터 온 말입니다. '반듯하다'는 '곧고 바른 모양을 가졌다'는 의미의 단어이고, '반듯'에 '-이'가 붙은 말이 '반듯이'입니다. 따라서 '반듯이'에도 '곧고 바른 모양'이라는 의미가 있습니다.

✓ **반듯이** 나 있는 길.　　예 기울거나 굽지 않고 바르다

표기에 어원을 밝혀 어원과 모양이 같게 적어 의미를 고정한 것이지요.

그렇다면 '반드시'의 의미는 무엇일까요?

✓ **반드시** 맞춤법을 정복할 거야.　　예 틀림없이 꼭

'반드시'는 '꼭', '틀림없이'라는 뜻을 가진 새로운 단어입니다. '반듯하다'라는 단어와 의미상 관련이 없죠? 그러니 소리 나는 대로 적어야 합니다.

20

'지그시'와 '지긋이'

> 할아버지는 나를 **지긋이** 바라보며 자신의 무릎을 **지그시** 눌렀다.

'지긋하다'라는 단어를 아시나요?

✓ 나이가 **지긋한** 어르신들.　　⑨ 나이가 어느 정도 들어 들직함

✓ **지긋하게** 앉아 일하는 사람들.　⑨ 참을성 있고 끈기 있음

이 '지긋'에 '-이'가 붙은 말이 '지긋이'입니다.

✔ 나이가 **지긋이** 든 어르신들.　㉾ 나이가 어느 정도 들어 듬직함

✔ **지긋이** 앉아 일하는 사람들.　㉾ 참을성 있고 끈기 있음

　'지긋하다'에서 '지긋'의 의미를 그대로 가져가니 이를 밝혀 '지긋이'라고 적는 것입니다.

　반면에 소리 나는 대로 적은 '지그시'는 의미가 달라집니다.

✔ 아이의 손을 **지그시** 잡았다　㉾ 슬며시 힘을 주는 모양

　'지그시'는 앞서 본 '지긋이'와는 의미가 전혀 달라요. 어원에서 독립하여 새로운 단어가 됐기 때문입니다. 때문에 맞춤법 원칙을 따라 소리 나는 대로 적습니다.

3 장

실은
사전에
없는 말

'금새'와 '금세'

> 그런 유행은 **금세** 사라지게 마련이다.
>
> **금새**가 나타났다.

'금새'라는 단어는 사전에 없어요. 적어도 '금방'이나 '곧'이라는 의미로는 말이죠. '금새'가 옳은 말이라고 생각하는 데에는 두 가지 이유가 있어요. 첫 번째, 사전을 찾아본 경우입니다. 사전에는 '물건의 값'이라는 의미의 '금새'가 등재되어 있거든요. 그런데 요즘 물건값을 '금새'라고 말하는 사람이 있나요? 단어는 우리가 사용하지 않으면 사라지게 마련이에요. 사전에는 있지만 실제로 사용되지 않는 말은 죽은 것이나 다

름없어요. 두 번째는 '금색을 가진 새', 혹은 '금으로 된 새'라는 의미로 '금새'를 사용하고자 하는 경우입니다. 글쎄요, 이러한 사용을 위해 굳이 '금새'라는 단어를 만들고 유지해야만 할까요?

우리가 여기서 주목하는 부분은 '금새'가 일상에서 주로 쓰이는 말인가 하는 것입니다. 자주 쓰지 않거나 특정 분야에서만 쓰이는 말의 맞춤법은 부차적인 문제예요. 일상에서 자주 쓰는, 그래서 우리에게 중요한 말의 맞춤법이 더 중요하잖아요.

우리가 흔히 쓰는 '금세'는 '지금', '금방'이라는 의미입니다.

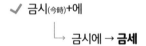

   ✓ 금시(今時)+에
        └→ 금시에 → **금세**

'금세'는 사실 한자어인 '금시'에 우리말인 '에'가 붙은 '금시에'의 준말입니다. 그러니 '에'의 모음을 밝혀 '금세'라고 적는 것이지요. '금시'를 기억하면 앞으로는 어렵지 않을 것입니다.

'오랜만'과 '오랫만',
'오랜동안'과 '오랫동안'

> **오랜만에** 만난 친구.
>
> **오랫동안** 기다려 온 웹툰.

핵심부터 말하자면, '오랫만'이라는 단어는 사전에 없습니다. '오랜만'이 올바른 표기입니다. '오랜만'은 '오래간만에'라는 말의 준말이므로 생략된 '간'의 받침 'ㄴ'을 반영해야 합니다.

이 말을 '오랫만에'라고 적는 경우가 많은데, 이는 '오랫동안'의 표기에서 영향을 받은 것이라 할 수 있습니다. 어떤 말이 아주 많이 쓰이면 그와 유사한 다른 말에도 영향을 주거든요. '오랫동안'의 'ㅅ'은 '사이시옷'입니다. 이 사이시옷 원칙을 잘 생각하면 '오랫만에'는 올바른 표기가 아니라는 것을 알 수 있어요. 살펴볼까요?

✔ 사이시옷 표기의 원칙

① 의미: ○○의 △△, ○○와 △△는 독립적 단어

② 어휘: 앞뒤 단어 중 적어도 하나는 고유어

③ 소리: 뒷말의 된소리화 또는 [ㄴ]의 삽입

'오래'와 '동안'은 각각 독립적인 단어인 데다 고유어이고, '오래의 동안'이라는 의미로 작용할 수 있으니 사이시옷 표기의 원칙 중 ①, ②의 요건은 갖추었네요.

마지막으로 발음을 확인해 보겠습니다. [오래똥안] 또는 [오랟똥안]이라 소리 나네요. 뒷말인 '동안'의 'ㄷ'이 된소리 [ㄸ]으로 소리 나는군요. ③ 요건까지 갖추었네요. 따라서 사이시옷을 넣어 '오랫동안'이라고 표기하는 것이 옳습니다.

이를 '오래+만'에 적용해 볼까요? 일단 '만'이 독립적이지 않을 뿐더러 '오래의 만'이라고 해석하기도 어렵습니다. ① 요건부터 충족하지 못하죠. 이 단어가 '오래간만에'로부터 왔다는 사실을 모르더라도 사이시옷의 원칙을 안다면 올바른 표기를 판단할 수 있으니 꼭 기억해 두세요.

03

'역활'과 '역할'

인간은 누구든 어디서든 나름의 **역할**을 하고 살지.

'역할'은 한자어예요. 한자어 구성을 보면 특정 단어의 맞춤법을 익히는 데에도 도움을 받을 수 있습니다. 예를 들어 '역할(役割)'의 '역'은 드라마나 영화에서 배우들이 맡는 인물, 즉 '배역(配役)'에 쓰이는 '역'과 같습니다. '할'은 '분할(分割)'이나 '할애(割愛)'의 '할'과 같습니다. 이를 알면 '역할'이라는 단어를 '역활'이라고 잘못 쓰면 그 의미를 제대로 전달할 수 없다는 사실을 알 수 있어요.

이처럼 한자어 간의 관계로 의미를 연결 짓는 일

은 어휘를 풍부하게 하는 데 도움을 줍니다. '역할'과 '배역', '분할', '할애'를 함께 생각할 수 있게 되었잖아요. 이를 확장해서 좋아하는 외국어 단어와 함께 기억하는 것도 좋습니다. '역할'의 뜻과 사용을 익히면서 'role'을 떠올리면 영어 공부에도, 한글 맞춤법 공부에도 도움이 됩니다. 우리는 가장 기초적인 의미의 외국어를 기억하고 있는 경우가 많거든요. 그래서 의미를 명확히 구분하고자 할 때 의외로 외국어에서 도움을 받을 수도 있어요.

'활(活)'이 포함된 단어

활동(活動), 활발(活潑), 활용(活用), 활기(活氣), 활자(活字), 활약(活躍), 생활(生活), 활력(活力), 부활(復活), 사활(死活), 재활(再活), 쾌활(快活)

'활(活)'이 쓰인 한자성어

활인지방(活人之方): 사람을 살리는 방안

'할(割)'이 포함된 단어

할부(割賦), 할인(割印), 할애(割愛), 할증(割增), 할당(割當), 할복(割腹), 역할(役割), 분할(分割), 균할(均割)

'할(割)'이 쓰인 한자성어

군웅할거(群雄割據): 여러 영웅이 세력과 땅을 갈라 권력을 누리고 있음.

우도할계(牛刀割鷄): 소 잡는 칼로 닭을 잡는다. 즉, 큰일에 쓸 것을 작은 일을 처리하는 데 쓰는 잘못을 지적하는 말.

04

'쥬스'와 '주스'

요새는 10만 원이 넘는 **망고 주스**도 있다더군.

'쥬스'라는 표기는 익숙하시죠? 인터넷을 잠깐만 뒤져도 '사과 쥬스, 오렌지 쥬스, 토마토 쥬스, 망고 쥬스'를 정말 많이 볼 수 있습니다. 카페 메뉴에서도 이런 표기를 쉽게 찾아볼 수 있지요. 하지만 '쥬스'는 틀린 말입니다. '주스'라고 적어야 합니다.

사실 우리가 'juice'를 [쥬스]라고 발음하는 것도 아닙니다. [ㅈ] 뒤에 [ㅛ, ㅑ, ㅠ, ㅕ]를 연결해 발음하기란 어렵거든요. 여기에 쓰인 아주 어려운 언어 변화를 배워 봅시다.

✓ ㅅ ㅈ ㅊ

　우리말 'ㅅ, ㅈ, ㅊ'을 떠올려 보세요. 이상한 것 없나요? 훈민정음은 발음기관의 모양을 본떠 만든 글자입니다. 발음 기관의 모양을 본떠 'ㄱ, ㄴ, ㅁ, ㅅ, ㅇ'을 기본자로 삼은 거죠. 현대의 언어학자들도 훈민정음 창제의 과학성을 인정했고 유네스코 기록 문화유산에도 기록되었어요.

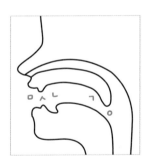

　그런데 'ㄱ, ㄴ, ㅁ, ㅅ, ㅇ'으로는 충분하지 않았어요. 때문에 '가획'하여 문자를 더 만들었습니다. '이체자'라는 것도 만들었지만, 이 주제와는 관련 없으니 일단 생략하기로 해요. 여기서는 가획에 대해 배워 봅시다.

'ㅅ, ㅈ, ㅊ'은 가획한 관계에 있습니다. 'ㅅ'의 상단에 획을 하나 그은 것이 'ㅈ'이고, 거기에 하나 더 그은 것이 'ㅊ'이죠.

[즈], [츠], [쯔]를 발음해 보세요. ('ㅈ, ㅊ, ㅉ'를 발음해야 하는데 자음은 모음 없이 소리 날 수 없으니 모음 중 가장 약한 'ㅡ'를 넣어 발음합니다.) 소리가 어디서 나는지 느껴지나요? 앞서 배운 구개음화를 떠올려 보세요. 'ㅈ, ㅊ, ㅉ'은 구개음이에요. 'ㅅ'의 가획자가 'ㅈ, ㅊ'이라면, 이것도 'ㅅ'과 같은 위치에서 나야 하는 것이 아닐까요? 세종대왕이 한글을 만들 때 'ㅈ, ㅊ, ㅉ'은 'ㅅ'과 마찬가지로 혀끝에서 나는 소리였어요. 이때 우리의 조상들은 [쟈], [죠], [쥬], [져]를 [자], [조], [주], [저]와 정확히 구분해 발음할 수 있었습니다. 그런데 오늘날 이 소리는 구개음으로 변화했습니다. 이 소리가 구개음으로 바뀌면서 현대인들은 [쟈], [죠], [쥬], [져]를 발음할 수 없게 되었습니다. [자], [조], [주], [저]로 발음할 뿐이죠. 때문에 우리는 'ㅈ, ㅊ, ㅉ' 뒤에 'ㅛ, ㅑ, ㅠ, ㅕ'가 연결되면 [조, 자, 주, 제], [초, 차, 추, 쳐], [쪼, 짜, 쭈, 쩨]로 발음합니다.

자, 이제 다 왔습니다. 외래어를 적을 때는 발음을

그대로 반영해서 적어야 하죠? 따라서 우리가 발음하지 못하는 '쥬스'가 아닌 '주스'가 올바른 표기입니다. 영어 표기보다 우리의 발음 특성을 우선 반영하는 것이죠. 비슷한 단어로 무엇이 있는지 함께 떠올리면 일상의 표기법을 올바르게 하는 데 도움이 된답니다. 물론 원리를 함께 기억해 두어야 더욱 효과가 좋습니다.

✓ 텔레비전, 초콜릿, 비전, 캡처, 레이저, 레저, 비주얼, 스케줄, 초크, 메신저

05

'내노라하다'와 '내로라하다'

이 분야에서 **내로라**하는 사람이긴 해!

아래 표현들은 기사에서도 종종 쓰이는 것으로 모두 잘못된 표기입니다.

- ✓ <u>**내노라**</u> 하는 기업들이
- ✓ <u>**내노라**</u> 하는 학자들이
- ✓ <u>**내노라**</u> 하는 전문가들이
- ✓ <u>**내노라**</u> 하는 가수들이

밑줄 친 '내노라 하는'은 '내로라하는'으로 띄어쓰기

없이 적어야 합니다. '내로라하다'가 '내노라 하다'와 같이 잘못된 표기로 쓰이는 이유는 무엇일까요?

먼저 '내로라하다'라는 말의 의미부터 짚어 보기로 해요. '내로라하다'는 '특정 분야를 대표할 만하다'라는 의미로 15세기 문헌에도 등장합니다.

ᄆᆞᅀᆞ매 샹녜 사ᄅᆞᆷ을 가ᄇᆡ야이 너겨 **내로라호ᄆᆞᆯ** 긋디 몯ᄒᆞ면

《《1496 육조 상:104ㄴ》중에서》

→ **현대역**: 마음에 항상 사람을 가볍게 여겨 **내로라함을** 멈추지 못하면   의역 '자신이 최고라 하는 것'

15세기에 쓰인 '내로라함'의 의미는 현대 국어의 '내로라하다'와 의미가 같습니다. 위 예문의 경우에는 '스스로가 내로라하는 것'을 의미하는 것이니, 그 맥락을 고려한다면 '자신이 최고라고 생각하는 것'으로 해석할 수 있겠네요. 어떻게 이런 의미가 나오는지는 이 문장에 쓰인 다른 단어들과 15세기의 음운현상을 샅샅이 분석해야 알 수 있습니다.

	나(我) +	아- +	+ -오-	+ -다	
현대 국어	=	└이다 : 서술격조사	없어짐	└-다 : 종결어미	→ 나이다
중세 국어	=		'오'가 '이' 뒤 에서 '로'로 나타남	'오' 뒤에서 '다'가 '라'로 나타남	→ 내로라

'내로라'는 현대국어의 '나이다'와 같지만, 15세기(중세국어)에 있었던 음운현상, 즉 '이다' 뒤의 '오'가 '로'로, '오' 뒤의 '다'가 '라'로 바뀌는 현상을 겪은 것입니다. 이 말에는 15세기 국어 문법의 질서가 쓰였다는 의미입니다. 그리고 그것이 '내로라하다'라는 말로 굳어져서 하나의 묶음으로 오늘날까지 이어지고 있습니다.

그런데 오늘날에는 이러한 질서를 알기 어렵습니다. 과거의 문법적 질서는 우리에게 익숙하지 않으니까요. 이런 경우에 우리는 이미 아는 질서로 그 말을 해석하려는 힘을 작용시킵니다. 오류 표기를 다시 살펴보겠습니다.

✓ **내노라** 하는 기업들이
✓ **내노라** 하는 학자들이

여기서 '기업'이나 '학자'를 '(대표로) 내놓을 만한 것'이라고 생각해 '내노라 하다'가 된 것입니다. '내놓다'의 'ㅎ'은 어디로 갔을까요?

✓ 내놓- + -아라 → 발음 [내노아라] → **내노라**

'ㅎ' 받침을 가진 동사나 형용사는 모음으로 시작하는 어미와 만나면 사라집니다. 우리는 이것을 '낳다', '낫다'를 구분하는 과정에서 확인한 바 있어요. 이 '내노라'에 '하다'라는 말이 연결된 것으로 생각하여 '내노라 하다'로 잘못 적는 것이죠.

여기서 짚어야 할 중요한 사실은, 우리는 언어에 쓰인 질서를 스스로 파악할 수 없을 때 자신이 아는 말로 바꾸어서 생각하는 경향이 있다는 겁니다. '내로라'는 몰라도 '내놓다'라는 말에는 익숙하니 '내로라 하다'를 '내노라 하다'라고 판단하려는 겁니다. '내로라'가 '나+이다'의 조합을 포함하고 있다는 사실에 주목하고, 이 말이 '내놓다'와 관련 없다는 것만 기억하면 올바른 표기에 도움이 될 것입니다.

06

'니들이'와 '너희들이'

> **니들이** 게 맛을 알아?

　'니들이'가 잘못된 표기라는 것을 알면서도 자꾸 이 말을 쓰게 되지 않나요? 왜일까요? 물론 유명한 광고에 쓰인 탓도 있겠지요. 하지만 광고에 쓰였다는 것부터 이 말이 일상에서 쓰임이 많음을 보여주는 증거라고 할 수 있습니다.

　일단 '니'는 '내'와 짝을 이루는 말인 '네'를 잘못 쓴 것입니다. '나'를 가리키는 '내'와 '너'를 가리키는 '네'는 발음이 비슷해 구분이 잘 안 되잖아요? 이런 경우 둘 중 하나의 발음을 다르게 해야 의미를 구분할 수 있습니다. 그래서 우리는 일상에서 '네'를 [니]로 바꾸어 말하곤 합니다. 하지만 표기에서는 그러면 안 됩니다. [니]라고 발음하더라도 글로 적을 때에는 '네'라고 적어야 합니다. 그런데 '니'를 '네'로 고치는 것을 기계적으로만 판단하면 안 됩니다.

- ✓ **네들**이 게 맛을 알아? (x)
- ✓ **네들**이 뭔데? (x)
- ✓ **네들**이 뭐라 하든 그렇게 돌아갈 것이다. (x)
- ✓ 이게 다 **네들**이 만든 우리의 현주소다. (x)

위의 예는 우리가 맞춤법을 얼마나 기계적으로 생각하고 있는지 잘 알려주는 오류 예시입니다. 앞서 말했듯 '네'를 '니'로 적는 것은 오류 표기입니다. 이를 배운 사람들이 '니들'을 '네들'로 고쳐 적으면 이렇게 됩니다. 하지만 모두 틀렸습니다! '내'와 '네'의 관계에서 생긴 이인칭 대명사의 발음 [니]와 '니들이 게맛을 알아?'의 '니'는 다른 것이니까요. 직접 발음해 보세요.

인칭 대명사 '나'와 '너'에는 '들'을 붙일 수 없습니다. '나들'이나 '너들'은 애초에 성립 불가능하다는 말이죠.

'내'와 '네' 역시 마찬가지예요. '내들', '네들'과 같이 복수형이 직접 결합되는 경우는 없습니다. '나'의 복수형은 '우리'이고, '너'의 복수형은 '너희'이니까요. 이 복수형 '우리', '너희' 뒤에 '들'이 붙어 '우리들', '너희들'이 될 수는 있어요. '니들이 게맛을 알아?'에서 '니들'은 이 '너희들'로부터 온 말입니다. 앞서 보았던 '네'와 '니'는 이인칭 대명사의 단수형에 대한 문제이고, '니들'은 이인칭 대명사의 복수형에 관련된 것이니 후자를 '니'의 모양에만 주목하여 '네'로 수정하는 것은 오류지요.

여기서 흥미로운 점이 두 가지 있어요. 첫 번째는 우리가 흔히 쓰는 한글 프로그램(한컴 오피스)의 맞춤법 검사기 기능이 아직까지 이 '네들'이라는 오류를 잡아내지 못한다는 점이에요. 교정 프로그램은 '너희'로부터 온 '니'와 그렇지 않은 '니'를 구분하지 않고 '니' 자체를 '네'로 자동 교정합니다. 프로그램의 문제를 바로잡는 것은 어렵지 않아요. 앞뒤 언어 연쇄를 변수로 입력하면 문제가 해소되기 때문이죠. 문제는 컴퓨터의 방식으로 맞춤법을 바라보는 우리입니다. '니'는 오류이니 '니'는 무조건 '네'로 바꾼다는 기계적인 수정은 언어 전체와 맞춤법의 관계를 제대로 이해할 수 없게 만듭니다. 항상 함께 놓이는 단어들과 함께 생각하는 것이 중요한 이유입니다.

'저희', '너희'의 관계를 생각해 볼까요? '저희'는 '우리'의 낮춤말입니다. '너희' 역시 이인칭 복수형 낮춤말이에요. 이 단어에는 '들'이 붙어 '저희들', '너희들'이라고 쓸 수 있습니다. 이렇게 함께 놓이는 말들과 함께 기억하면 맞춤법의 원리를 더 잘 익힐 수 있답니다.

07

'받아드리다'와 '받아들이다'

그 말을 그렇게 **받아들이다니** 곤란하구나.

'받아들이다'를 '받아드리다'로 잘못 적는 일이 정말 많아졌어요. 왜 이런 일이 생기는 걸까요? 우리에게 '드리다'라는 말이 익숙하기에 생기는 일이에요. '받아들이다'를 정확하게 이해하기 위해서는 '들이다'와 '드리다'를 명확히 구분해야 한다는 의미이기도 해요. 먼저 '들이다'와 '드리다'의 차이부터 살펴볼까요?

✓ 어머니께 선물을 **드리다**.
  └ ㉮ '주다'의 높임말

✔ 봉숭아 꽃물을 **들이다**.

ⓔ '들다'의 사동 표현

= 봉숭아 꽃물이 <u>들게 하다</u>.

'드리다'는 문장 안의 대상을 높이기 위하여 쓰는 말이죠. 그래서 문장 안에 높일 수 있는 대상이 들어 있고요. 여기서 주목해야 할 점은 '-다' 앞의 '드리-'는 더 이상 쪼갤 수 없는 말이지만, '들이다'는 '-다' 앞의 말이 '들-+-이-'로 쪼개진다는 점입니다. 왜 이렇게 쪼개지는 것과 그렇지 않은 것을 강조할까요? 그 이유는 '들이다'의 '들-', '들다'가 지금도 사용되는 말이기 때문이에요. '들다'가 아직 유효하고, 이 의미가 '들이다'의 '들'의 의미가 같기 때문에 같은 모양으로 적어 주는 거예요.

✔ 도둑이 **들다**.
✔ 도둑을 **들이다**.

ⓔ 들게 하다

이를 '받아들이다'에 적용해 볼까요? 이 단어는 '받

다'와 '들이다'가 합쳐진 말이에요. 무엇인가를 받아서 자기 것이 되게 한다는 의미이죠. 자기 것이 되게 하려면 자기 안으로 들어오게 해야 하잖아요. 그래서 '~게 하다'의 의미를 만드는 '-이-'가 쓰이는 거예요.

그런데 '들이다'와 '드리다'는 모두 [드리다]로 소리 나는 데다, '드리다'라는 말이 일상에서 많이 쓰이다 보니 '들이다'의 의미를 가진 단어들까지 '드리다'로 잘못 적는 일이 많아졌습니다. 사용하려는 단어에 '드리다'라는 표기가 올바른지 확인하고자 한다면 이 말에 '주다'라는 의미가 있는지 확인해 보세요. 또 '들이다'로 정확히 적으려면 '들다'의 의미인 한자 '들 입(入)'을 떠올리면 됩니다. '들이다'는 '들어오게 하다'라는 뜻이니까요.

'들이다' 표기를 포함하는 어휘

사들이다, 거둬들이다, 끌어들이다, 빨아들이다, 맞아들이다, 불러들이다. 물들이다, 공들이다, 깃들이다

08

'갯수'와 '개수'

물건의 **개수**를 다시 확인해 보아야겠다.

    물건이 몇 개인지 말할 때 사용하는 단어 '개수'를 '갯수'로 잘못 적는 일이 많습니다. 그런데 '갯수'는 사전에 없는 말입니다. '갯수'와 같은 잘못된 표기가 많은 이유는 두 가지예요.

    첫째, 이 말의 정확한 발음은 [개:쑤]입니다. 이유 없이 뒷말 '수'가 [쑤]로 소리 나네요. 이런 경우 우리는 사이시옷이 있다고 판단하고 'ㅅ'을 적습니다. 그런데 사이시옷 표기법에는 한자어와 한자어 사이에 사이시옷을 적지 않는다는 대원칙이 있습니다. '개수(個

數)'의 앞말인 '개'와 뒷말인 '수'는 모두 한자어입니다. 따라서 사이시옷을 적지 않는다는 원칙을 따라야겠네요. 그러니 '개수'가 올바른 표기입니다.

두 번째 이유는 '숫자(數字)', '횟수(回數)'와의 관계 때문입니다. '숫자', '횟수' 역시 앞뒤 말이 모두 한자어인데 이 둘은 모두 사이시옷을 적습니다. 왜냐고요? 한자어와 한자어 사이에 사이시옷을 넣지 않는다는 대원칙에 예외 조항이 있어요. 단 6개의 예외 단어를 정한 것이죠. 예외가 되는 6가지 단어는 다음과 같습니다.

✓ 곳간(庫間), 셋방(貰房), 숫자(數字), 찻간(車間), 툇간(退間), 횟수(回數)

여기에서 주목해야 할 것은 '숫자'와 '횟수'입니다. 이 두 단어는 모두 수(數)와 관계있습니다. 계속 강조했듯, 단어들은 모두 서로 관련되어 있습니다. 숫자와 관련된 두 단어에 사이시옷을 적으니 마찬가지로 '개수'에도 사이시옷을 적어야 한다고 착각하게 되는 거예요. 비슷한 이유로 '소수'를 '솟수'라고 잘못 적는 일도 있습니다. 수학에는 두 가지 의미의 '소수'가 있어요. 수학을 배운 지 너무 오래되어 잘 모르겠다고요?

- ✔ **소수**(素數)[소쑤]: 1과 그 수 자신 이외의 자연수로는 나눌 수 없는 자연수
- ✔ **소수**(小數)[소수]: 1보다 작은 값을 가진 수
  예) 0.1, 0.23, 4.2 등

이 중 '소수(素數)'는 뒤의 발음이 된소리로 나지만, 한자어 사이이기 때문에 사이시옷을 넣어 적지 않습니다.

여기서 또 주목할 점은 앞서 확인한 예외 단어가 모두 두 음절 단어라는 점입니다. '셋방'이 예외라고 해서 '월셋방'이나 '전셋방'도 그럴 것이라고 오해하기 쉽거든요. 이 단어에 대해서는 뒤에서 마저 다루겠습니다. (251페이지 참고)

가장 큰 원리부터 생각하는 습관을 들이세요. 한자어와 한자어 사이에는 사이시옷을 쓰지 않는다! 이것을 먼저 떠올리면 오류를 줄일 수 있습니다.

09

'일부로'와 '일부러'

> **일부러** 그러는 거냐? 왜 함부로 그러는 거냐?

'일부러'를 '일부로'로 잘못 적는 일은 생각보다 많습니다. 인터넷상에서는 더 많고요. 우리가 '일부러'와 '일부로'를 혼동하기 시작했다는 것은 이 단어가 '일부로'로 바뀔 가능성이 생겼다는 것을 의미하기도 합니다. '서로'라는 단어를 생각해 보세요. 이 단어는 세종대왕이 살아 계셨던 15세기에는 '서르'였습니다.

국립한글박물관 소장

그러나 '서르'가 다른 부사들을 닮아 '서로'로 바뀐 것이죠. 다른 부사들을 닮았다는 말의 의미를 알아볼까요? 먼저 익숙한 부사를 생각해 보세요.

✔ 바로, 별로, 새로, 따로, 때로, 주로, 실로, 홀로, 저절로, 거꾸로, 참으로, 의외로, 이대로, 그대로, 함부로, 곧바로, 대체로, 실제로, 수시로, 스스로, 제대로, 때때로, 똑바로, 정말로, 절대로, 마음대로 등

몇 개만 떠올렸는데도 정말 '로'로 끝나는 것이 많죠? 이렇게 다른 부사들이 '로'로 끝나는 것을 닮아 원래 '서르'였던 단어가 '서로'로 바뀐 거예요. '일부러'를 '일부로'로 잘못 적는 것도 그런 변화 중 하나입니다. '함부로', '새로'와 같은 단어를 닮아 '일부로'일 것이라 착각하는 것이죠. 하지만 '일부러'가 맞는 표기입니다. 아직까지 '일부로'는 '어떤 것의 일부분으로'라는 뜻입니다.

10

'눈쌀'과 '눈살'

다른 사람의 **눈살**을 찌푸리게 하는 일을 하지 말자.

'눈쌀을 찌푸리다'로 적어야 하는 것은 아닌지 고민한 적이 있나요? 일단 발음과 표기 사이의 관계를 고민했다는 점에서 칭찬할 일입니다. 거기서 한 걸음 더 나아가 원리를 생각한다면 '눈살'의 맞춤법을 정복할 수 있습니다.

일단 '눈살'은 '눈'과 '살'이 합쳐진 말입니다. '두 눈 사이의 살'을 의미하는 말로, '눈의 살'이라고 해석할 수 있어요. 그런데 발음은 [눈쌀]입니다. 여기서 '살'이 [쌀]로 소리 나는 것은 '~의'라는 의미를 가진 사이시옷 때문입니다. 우리의 발음이 이 단어에 사이시옷이 있었다는 사실을 알려 주는 것이죠. 그런데 이 경우 사이시옷을 반영해 '쌀'이라고 적으면 이 단어가 원래 '살'에서 왔다는 것을 알릴 수 없습니다. 그래서 오늘날 한글 표기에는 앞말에 받침이 있는 경우 사이시옷을 적지 않도록 되어 있어요. 그래야 뒷말의 의미를 분명히 알 수 있기 때문입니다.

✓ 종소리[종쏘리], 문고리[문꼬리], 아침밥[아침빱],
　눈동자[눈똥자], 창살[창쌀]

위의 예는 모두 뒷말의 첫소리가 된소리로 나지만, 이를 표기에 반영하지 않는 경우입니다. 표기의 대원칙을 기억하세요. '같은 의미를 가진 말은 같은 모양으로 적는다'고요.

11

'어의없다'와 '어이없다'

> '어의없다'고 쓰다니 정말 **어이없다.**

　'어이없다'는 일어나는 일이 황당하여 기가 막힐 때 쓰는 말이에요. 이를 한자어로 생각하여 '어의(語意)없 다'고 적는 일이 많아지고 있어요. 정말 어이없는 일 이지요. 하지만 우리가 무의식중에 단어의 어원을 생 각한다는 것을 반영하는 일이기도 합니다. 그러니 잘 못된 어원을 끼워 맞추지 않도록 주의하는 것이 중요 합니다.

　'어이없다'의 뜻에서 그치지 않고 이 단어가 생겨난 배경을 알아 두면 좋겠지요. '어처구니없다'라는 단어는 '어이없다'와 같은 의미인데요. 이 '어처구니'는 맷돌의 손잡이를 가리킵니다. 맷돌을 사용하려 하는데 손잡이가 없다고 생각해 봅시다. 얼마나 황당하고 기막히겠어요? 이런 느낌을 '어처구니없다', '어이없다'라고 합니다. 이 상황과 단어를 함께 기억하면 잘못 사용하는 일을 줄일 수 있겠죠?

어처구니

12

'웬지'와 '왠지'

> **왠지** 여기 오면 네가 있을 듯해서.

'왠'과 '웬'을 혼동하는 것은 그렇게 이상한 일은 아닙니다. 앞서 말했듯 'ㅐ'와 'ㅔ'의 발음을 구분기란 어려우니까요. 그런데 'ㅙ'와 'ㅞ'에는 'ㅐ'와 'ㅔ'가 있을 뿐만 아니라 'ㅜ'와 'ㅗ'도 있습니다. 소리로 구분하기 어려울 수밖에요.

'왠'과 '웬'을 발음으로 구분하는 것이 어렵다면 의미로 구분해 보세요. '왠' 속의 '왜'가 보이나요?

✓ 그분은 항상 **왜**라는 질문을 하세요.

'왠지'는 '왜인지'의 준말이에요. 그러니 '왜인지'의 의미일 때만 '왠'으로 쓸 수 있고, 나머지는 모두 '어찌된'이라는 의미의 '웬'을 써야 합니다. 쉽죠? '왠지'일 때만 '왠'이고, 다른 때에는 무조건 '웬'이다!

- ✓ **웬** 걱정이 그렇게 많니?
- ✓ **웬** 비가 이렇게 많이 오는 것인지.

'왜'라는 의미에 주목한다면 '왠'과 '웬'의 구분이 더 이상 어렵지 않을 거예요.

13

'잊혀진'과 '잊힌'

> 역사적으로 그렇게 **잊힌** 사람들을 기억해야 한다.

　잘못된 표기법인 '잊혀진'은 어디에서 시작된 것일까요?

✔ '잊혀진 계절', 1982년 이용 1집

　아실지 모르겠지만, '잊혀진 계절'이라는 유명한 노래가 있습니다. 그래서인지 '계절' 앞에는 왠지 '잊혀진'이라고 써야 할 것만 같아요. 음악이라는 장르의 영향력이 매우 큰 데다 예술에는 '시적 허용'이 있어서 문법을 넘어서는 표현이 많이 쓰여요. 그래서 우리에게는 '잊혀진 계절'이 마치 관용구처럼 기억되고 있지요. 하지만 이 표기는 잘못되었습니다.

✓ 잊다 - 잊히다 - 잊히어지다

'잊혀진'은 '잊혀지다'에서 왔겠죠? 그렇다면 이 '잊혀지다'라는 단어가 만들어지는 과정을 살펴봅시다.

'잊히다'라는 단어에는 이미 '잊어지다'라는 의미가 있습니다. 그런데 거기에 다시 '-어지다'를 붙이면 '당하다'라는 의미를 반복하게 됩니다. 만약 '스스로 잊는 것이 아니라 다른 요인에 의해 그렇게 된다'라는 표현을 사용하고자 한다면 '잊어지다', 혹은 '잊히다'를 써야 합니다. 이 뜻을 두 번이나 담은 '잊혀지다'는 잘못된 표기인 셈이죠.

14

'햇님'과 '해님'

> **해님** 달님》은 우리나라의 전통 설화와 관련된 동화
> 이다.

《해님 달님》이라는 동화 아시죠? '해님'은 우리가 어릴 때부터 흔히 접하던 말입니다. 그런데 이 '해님'을 '햇님'이라고 잘못 표현하는 일이 많습니다. '햇님'이라고 쓰면 안 되는 이유를 살펴볼까요?

우선 사이시옷에 주목하세요. 사이시옷의 첫 번째 원칙은 앞말과 뒷말이 각각 독립적이어야 하며, 'ㅇ의 △'라는 뜻을 가져야 한다는 것입니다. '해님'은 '해의 님'인가요? 아닙니다. '해님'이든 '달님'이든 '해의 님'이

나 '달의 님'이라는 의미가 아닙니다. 여기에 붙은 '-님'은 '선생님'처럼 앞말을 높이는 표현입니다. 사이시옷을 원칙을 충족하지 않는다는 말입니다.

'님'에는 두 가지 뜻이 있어요.

✔ **-님**: ㉚ 높임의 뜻을 더하는 접미사

　　　예) 손님, 해님, 달님, 따님, 형님, 스승님, 아드님, 부모님, 서방님, 이모님, 도련님, 선생님 등

✔ **님**: ㉚ 사람을 높여 이르는 말. '씨'보다 높임의 뜻을 나타내는 의존명사

　　　예) 홍길동 님, 김범수 님, 사무장 님 등

이 중 '해님', '달님'할 때의 '님'은 첫 번째 의미의 '-님'입니다. 여기서 '-' 표시는 앞말에 붙여 적는다는 의미예요. '접미사'라는 말은 앞말에 붙어서 새로운 단어를 만드는 역할을 지시하는 것입니다.

이와 달리 띄어서 적어야 하는 '님'도 있어요. 사람의 이름 뒤에 주로 붙이는 '님'이 그것입니다. 의미는 '-님'과 같지만 항상 띄어 적어야 합니다.

15

'겁장이'와 '겁쟁이'

당신 앞에 설 때면 뒷걸음만 치는 그저 난 **겁쟁이**랍니다.

두 단어 모두 '겁'이라는 중심 단어를 쉽게 확인할 수 있습니다. 여기에 '-장이'를 붙여 '겁장이'라고 발음할 수도 있지만, [겁쟁이]라는 발음으로 바뀌는 경우가 많습니다. 뒤에 '-이'가 있기 때문에 앞 음절에 '이'와 비슷한 표기가 오면 훨씬 발음하기 쉬워지기 때문입니다. 하지만 '장이'를 '쟁이'로 발음하면 의미상의 손실이 생기기 때문에 표준어에서는 이런 음운현상을 표기에 반영하는 것을 허용하지 않습니다. '지팡이'를 '지팽이'로, '아지랑이'를 '아지랭이'로 표기할 수 없듯이요. 게다가 '장이'와 '쟁이'는 오랫동안 쓰이면서 각각의 의미를 확보하게 되었어요. 그래서 어떤 단어에서는 '장이'가 맞고, 어떤 단어에서는 '쟁이'가 맞습니다.

✔ 구두**장이**, 짚신**장이**, 대장**장이**, 미**장이**, 무두**장이**, 석수**장이**

✔ 개구**쟁이**, 겁**쟁이**, 난**쟁이**, 멋**쟁이**, 빚**쟁이**, 담**쟁이**, 소금**쟁이**, 심술**쟁이**, 수다**쟁이**

'장이'는 앞에 나오는 말의 장인이라는 의미입니다. '구두장이'는 '구두를 만드는 장인'이라는 뜻입니다. '무두장이'나 '석수장이'와 같은 단어는 낯설겠지만, 이 역시 마찬가지예요. '무두'나 '석수' 일을 하는 장인, 전문가라는 뜻입니다. 반면 '쟁이'가 붙은 단어들을 보세요. 여기에는 특정 분야의 장인이라는 의미가 없어요. '겁쟁이'는 결코 '겁에 관련된 장인'이라는 의미가 아니니까요.

16

'일찌기'와 '일찍이'

> 아침 **일찍이** 일어나 운동을 하겠다고 결심했다.

'일찍이'를 '일찌기'라고 적는 사람을 만나도 놀리지 마세요. 1988년 이전에는 '일찌기'가 옳은 맞춤법이었거든요.

이처럼 맞춤법은 바뀌기도 합니다. 언어가 계속 바뀌는데 맞춤법만 우두커니 버티고 있을 수는 없는 노릇입니다. 이전 맞춤법이 '일찌기'였다가 지금은 '일찍이'로 바뀌었으니 각각의 표기에 언어에 대한 시각이 반영되었다는 사실을 알 수 있어요. 언어는 '소리'와 '의미'로 구성되었습니다. 이 중 무엇을 더 강조하는가에 따라 맞춤법 정책이 달라지기도 합니다. 복잡하게 느껴진다면 아래의 두 문장을 비교해 보세요.

✓ **일찍** 일어나 나왔다.
✓ **일찍이** 일어나 나왔다.

여기서 '일찍'과 '일찍이'의 역할은 같습니다. 모두 '일어나'를 꾸미지요. 의미도 크게 다르지 않아요. 그렇다면 '일찍이'가 '일찍'으로부터 나온 단어라는 사실이 분명해집니다. 어원이 분명하니 두 단어의 모양을 똑같이 적어 의미를 고정해야 합니다. 이런 관계에 놓여 있고, 의미를 밝혀 적은 단어에는 다음과 같은 것들이 있습니다.

✓ 곰곰이, 더욱이, 생긋이, 오뚝이, 일찍이, 해죽이

다른 예와 함께 기억해 두세요. 모두 역할과 의미가 어원과 동일해 어원을 밝혀 적는다는 사실도요.

그런데 문득 이런 궁금증이 듭니다. '1988년 이전

맞춤법에서 '일찌기'를 표준어로 삼은 이유가 있을까?'
여기에는 언어정책을 연구하는 사람들의 관점이 영향
을 끼쳤습니다. '일찍이'가 어원에서 멀어져서 새로운
단어가 되었다고 판단한 것을 그대로 반영한 거예요.
'설겆이'라는 말이 어원에서 멀어졌으니 '설거지'라고
적어야 한다는 원리를 확대하여 적용한 것이지요. 하
지만 '일찍이' 안의 '일찍'은 현대국어에서도 널리 쓰이
고 있으며, 그 의미가 '일찍이'의 의미와 같다는 판단
이 반영되어 오늘날의 맞춤법으로 수정된 거예요.

'꼼꼼이'와 '꼼꼼히'

꼼꼼히 살폈는데 틀린 것이 이렇게나 나오다니. ✏️

'꼼꼼히'는 아주 어려운 맞춤법입니다. 우선 '꼼꼼하다'에 주목하세요. '꼼꼼하다'처럼 '하다'를 확인할 수 있는 말은 대부분 '히'로 끝납니다. 하지만 예외가 아주 많지요. '하다'가 확인되더라도 '이'로 적는 말들이 있거든요. '이'로 적을지 '히'로 적을지를 판단하는 기준은 전적으로 발음입니다. 한글 맞춤법 제6장 51항에는 발음이 분명하게 '이'인 것만 '이'로 적는다는 원칙이 있습니다. '이'로도 발음될 수 있고 '히'로도 발음될 수 있는 것은 '히'로 적으라는 뜻입니다. 따라서 '꼼꼼이'인지 '꼼꼼히'인지 헷갈린다면 '꼼꼼히'라고 적어야 합니다.

그런데 확실히 '이'로 발음하는지, 둘 다 발음하는지는 어떻게 판단할 수 있을까요? 자주 쓰이고 자주 혼동되는 단어들을 아래에 정리해 보았습니다.

✔ **'이'로 적는 것**

: 가붓이, 깨끗이, 느긋이, 따뜻이, 반듯이, 버젓이, 의젓이, 가까이, 고이, 적이, 많이, 일일이, 겹겹이, 번번이, 틈틈이, 나붓이, 겹겹이, 가벼이, 괴로이, 즐거이, 쉬이, 길이 등

✔ **'히'로 적는 것**

: 솔직히, 가만히, 간편히, 각별히, 소홀히, 쓸쓸히, 과감히, 꼼꼼히, 심히, 열심히, 급급히, 섭섭히, 공평히, 능히, 당당히, 분명히, 상당히, 조용히, 고요히, 도저히, 딱히, 족히 등

이처럼 '히'로 적는 것들은 발음상 '솔직이', '가만이' 등으로도 소리 날 수 있으니 표기에 유의하세요.

'뒷뜰'과 '뒤뜰',
'뒷풀이'와 '뒤풀이'

행사 후 **뒤뜰**에서 **뒤풀이**가 있으니 꼭 참석해 주십시오.

'뒤뜰'은 '뒤의 뜰'이라는 의미입니다. 게다가 '뒤'도 '뜰'도 고유어이고, '뜰'의 첫소리가 된소리이기까지 하니 '뒷뜰'이라고 적어야 하는 것이 아닌지 고민될 수 있습니다. 사이시옷 표기 원칙에 비춰 단어를 바라보고 있으니까요. 그런데 여기서 한 걸음 더 나아가야 맞춤법을 정복할 수 있습니다.

'뜰'에 주목해야 합니다. 이 단어는 사이시옷 때문에 된소리를 내는 게 아니에요. 원래 된소리를 가진 단어입니다. 그러니 당연히 사이시옷을 적지 않습니다. 다른 단어와 비교해 보면 더욱 쉽습니다. 예를 들어 '가 +길'은 [가낄]로 발음됩니다. 이렇게 'ㄱ'이었던 것이 'ㄲ'로 소리 나는 경우에는 사이시옷을 적습니다.

'뒤풀이'의 경우에도 마찬가지입니다. 'ㅍ'은 거센소 리이지만 거센소리 안에 된소리의 특성이 있습니다. 그래서 뒷말의 첫소리가 된소리이거나 거센소리인 경 우는 사이시옷을 적지 않는 거예요. '위쪽', '위층'이 이 와 비슷한 예입니다.

19

'얼만큼'과 '얼마큼'

엄마가 아이를 **얼마큼** 사랑하는지는 항상 알 수 없다.

　'얼마큼'은 '얼마만큼'이라는 말의 준말입니다. 안타깝게도 '얼마만큼'이 줄어든 형태가 '얼마큼'이 된 이유에 대해서는 알려진 바가 없어요. 그래서 많은 사람들이 궁금해하지요. 국립국어원에서 맞춤법 항목을 정할 때는 우리말을 사용하는 사람들이 해당 단어를 얼마만큼 쓰는지, 그 빈도를 따지는 경우가 많습니다. 우리가 '얼마만큼'을 줄여서 쓸 때 '얼마큼'이라는 단어를 많이 쓴다는 것이 밝혀졌기 때문에 그 단어가 표준어로 정해진 것입니다. 어떤 말의 준말이 혼동될 때는 원래 말, 즉 본말을 쓰는 것이 좋습니다. 공식적인 문서에서는 가급적 본말을 적는 것이 좋고요.

✓ 얼마+만큼=(줄여서) **얼만큼**

얼만큼 → **얼마큼**

여기서 놀라운 점! '얼마큼'이라는 단어는 사전에 표준어로 등재되어 있지만, '얼마만큼'은 하나의 단어로 보기 어렵습니다. 명사 '얼마' 뒤에 명사인 '만큼'이 붙은 구성이거든요. 두 개의 단어이니 '얼마'와 '만큼'을 구분해야 해요. 반면, '얼마만큼'의 준말인 '얼마큼'은 하나의 덩어리처럼 널리 쓰이는 데다, 하나의 단어로 취급받으니 사전에 실리게 되었어요. 하지만 사전에 없다고 해서 틀린 말은 아닙니다. '얼마만큼'과 같이 명사에 조사가 붙어 문장에 놓일 수 있으니까요. 다만 사전에는 하나의 단어로 취급하는 것만 실린다는 사실을 꼭 기억해 두세요.

20

'짱아찌'와 '장아찌'

요새는 참외로도 **장아찌**를 만든다는군요.

'짱아찌'라는 말에 더 익숙한 분들이 있더군요. 실제로 인터넷에 조금만 검색해 봐도 '짱아찌'라는 오류를 많이 볼 수 있습니다. 하지만 '장아찌'가 올바른 표현이에요. 어원적으로 '장아찌'의 '장'은 '간장, 된장, 고추장' 할 때의 '장(醬)'이거든요. 어원 자체를 오늘날 말로 번역하면 '장에 넣어 만든 김치 종류'라는 의미입니다. 그 말이 오랜 역사를 거쳐 '장아찌'가 되었고, '장'이 한자에서 온 말이라는 흔적도 사라져서 '장아찌'를 '짱아찌'라고 발음하는 일까지 생긴 것이죠.

시간이 흘러 현대에는 단어의 첫소리가 된소리로 잘못 발음되는 경향이 많아지고 있어요. 외래어인 '게임'이 '께임'으로 발음되는 경우뿐만 아니라 고유어도 된소리로 발음하는 경우가 확대되고 있으니까요. 그런데 사실 우리말 어두에 '된소리', '거센소리' 사용이 늘어나는 것은 자연스러운 일입니다. 몇 가지 예를 살펴볼까요?

✔ 불휘→뿌리, 곶→꽃, 곳고리→꾀꼬리,

　덛덛ᄒ다→떳떳하다, 둣둣ᄒ다→따뜻하다

'뿌리', '꽃', '꾀꼬리', '떳떳하다', '따뜻하다' 등은 옛날에는 된소리가 아니었지만 지금은 된소리입니다. 우리말에 된소리 사용이 점점 많아지고 있다는 증거이지요. 삼국시대에는 우리말 어두에 된소리가 존재하지 않았다는 증거도 있습니다. 초성에 된소리를 가진 한자를 본 적이 있는지 생각해 보세요. 된소리를 가진 한자는 손에 꼽을 정도로 적습니다.

✔ 끽(喫): 만끽(滿喫)

✓ **쌍**(雙): 쌍두마차(雙頭馬車)

✓ **씨**(氏): 성씨(姓氏)

이 세 한자조차 옛날에는 '긱', '상', '시'로 된소리가 아니었어요. 된소리의 수가 많아지면서 된소리로 바뀐 것이죠. 만일 한자가 막 우리나라에 들어온 삼국시대 우리말에 된소리가 있었다면, 한자에도 된소리가 지금보다 훨씬 많아야 할 것입니다. 원래 된소리가 없었던 우리말에 점차 된소리가 생기면서 계속 그 수가 늘어나 오늘날에 이른 거예요. 그러니 앞으로 어두의 된소리는 점점 더 늘어날 가능성이 크지요.

하지만 우리가 앞에서 살펴본 예들을 된소리로 적는 것은 우리가 그 단어를 된소리로 발음함이 확인되기 때문이에요. 즉, 된소리로 적는 분명한 이유가 있는 것이죠. 이처럼 맞춤법을 제대로 정복하고자 한다면, 이유 없는 단어 첫머리의 된소리 사용을 조심해야 한답니다.

그럴싸하지만
틀린 말들

'육월'과 '십월'

육월에서 **십월**까지가 가장 중요한 시기이다.

'유월', '시월'은 '육+월, 십+월'에서 'ㅂ'을 탈락시켜 [유월], [시월]로 발음하는 것을 그대로 적는 것이 올바른 맞춤법입니다. 한자를 원음 그대로 읽는 방식은 '본음'으로 읽는 것이라 합니다. 이런 단어가 있다는 것은 한자를 원음 그대로 읽지 않는 경우도 있다는 뜻이겠지요.

한자를 본음이 아닌 관습적인 발음으로 읽는 것을 '속음'이라고 합니다. 물론 대부분의 한자어는 본음 그대로 읽지만, 몇몇 어휘는 오랜 세월 동안 관습적으로 읽었던 방식을 채택합니다.

속음으로 읽는 단어는 몇몇에 한정됩니다. 그 대표적인 예가 '유월', '시월'입니다. 또한 부처님 오신 날을 뜻하는 '초파일'도 '초팔일'에서 'ㄹ'이 탈락된 속음 읽기의 예입니다.

옛날에는 속음 읽기 방식이 어느 정도의 규칙성을 가졌던 것으로 보입니다. '시방정토(十方淨土)', '시왕(十王)'과 같이 오늘날의 잘 쓰이지 않는 몇몇 단어에서 '십'의 'ㅂ'이 탈락된 예가 종종 보이거든요. 오늘의 우리는 그 전통을 잘 모르지만, 옛 전통을 반영한 어휘 중 자주 쓰이는 것은 외워두는 수밖에 없어요.

하지만 오늘날에는 이런 속음 읽기 전통이 많이 약해졌습니다. 그래서 속음으로 읽는 단어가 낯설게 느껴지는 경우도 있지요. '오뉴월'이 대표적인 것입니다. '오뉴월'은 '오월'과 '육월'이라는 말이 합쳐진 단어입니다. '육'의 'ㄱ'이 탈락되어 속음이 된 것이지요. 우리는 속음 읽기에 익숙하지 않으니 이러한 단어를 보고 뜻을 파악하는 데 어려움을 겪습니다. 오늘날 10원을 '시 원'이 아닌 '십 원'으로, '10일'은 '시 일'이 아닌

'십 일'로 쓰는 것도 약화된 속음 읽기의 반영이겠지요. 아주 오랜 시간이 지난 어느 날에는 '시월'이나 '유월'도 '십월', '육월'로 쓰고 읽게 될지도 모릅니다.

'몇 일'

틀린 표기 그때가 몇 년, 몇 월 **몇 일**인지 말해 봐.

'며칠'이 '몇+일'이라면, 발음은 [면닐]이나 [며딜]이 되어야 합니다.

먼저 [면닐]이 되어야 하는 이유부터 보기로 해요. 표준발음법에 따르면 이렇게 소리 나야 하거든요. 우리는 〈1장. 헷갈리기 쉬운 맞춤법〉 '15. '혼자말'과 '혼잣말'(71페이지)'에서 '깻잎'의 표기에 대해 살펴본 적이 있어요. '깻잎'은 [깬닙]이라고 소리 나는 것을 확인할 수 있어요. '깨+잎'의 뒷말 첫소리가 [이나 [야, 여, 요, 유]로 소리 날 때 'ㄴ'이 첨가되는 것은 국어의 중요한 규칙입니다. 발음으로 확인해 볼까요?

✔ 솜-이불[솜니불], 꽃-잎[꼰닙], 한-여름[한녀름],
    색-연필[생년필], 직행-열차[지캥녈차]

'솜+이불', '꽃+잎', '색+연필', '직행+열차'로 이루
어진 단어들인데, 뒷말의 첫소리가 [이]이거나 [야, 여,
요, 유]입니다. [이]와 [여]의 빈자리에 'ㄴ'이 들어 있는
것이 보이시지요? 왜 이런 일이 일어날까요? 뒤에 놓
인 '이불, 잎, 연필, 열차'가 앞말의 받침이 빈자리로 넘
어오는 것을 막기 위해 'ㄴ'을 첨가하는 거예요. [소미
불]이나 [꼬딥], [하녀름], [새견필]이라 소리 낼 수도
있지만, 그렇게 되면 의미가 손상되니까요.

이 원리를 '며칠'에 적용해 볼까요? 이 단어가 '몇+
일'이라면 '일'의 빈자리에 'ㄴ'이 첨가되어 [면닐]로 소
리 나야 합니다. 그런데 아무도 그렇게 소리 내지 않
아요.

이제 차선으로 [며딜]을 볼까요? 먼저 '몇+월'을 발
음해 보세요. 이 경우에는 [며뒐]입니다. 만약 앞말의
'ㅊ'을 그대로 옮겨서 [며췰]이라고 발음한다면 이상

하겠죠? 게다가 좀처럼 어떤 의미인지 알기 어렵습니다. 그래서 'ㅊ'이 '월'의 빈자리로 넘어오지 못하게 하는 것입니다. 그러면 '몇'은 자신의 'ㅊ'을 'ㄷ'으로 약화합니다. 그제야 '월'이 앞의 'ㄷ'을 받아 줍니다. 만약 '몇+일'도 '몇+월'의 질서를 따른다면 [며딜]로 발음할 수도 있겠지만, 아무도 이렇게 발음하지 않아요.

　'며칠'을 [면닐]로도, [며딜]로도 발음하지 않고, 모두가 [며칠]이라고 발음한다는 것은 우리가 이를 '몇+일'로 생각하지 않는다는 뜻과 같습니다. 그럼 '며칠'은 어떤 단어로부터 왔을까요? 알 수 없습니다! 어원에서 멀어진 것, 어원을 명확히 알 수 없는 것은 어떻게 적기로 했죠? 소리 나는 대로 적는다! 때문에 '며칠'이 바른 표기가 됩니다.

'설겆이'

> **틀린 표기** 차리는 것보다 **설겆이**가 더 어렵더라.

'설겆다'라는 말을 써 본 적이 있나요? 있다면 아래 예시처럼 쓴 적이 있는지 다시 한번 생각해 보세요.

✔ 설겆고, 설겆어, 설겆으니, 설겆으므로, 설겆으니까, 설겆는

어떤 단어가 살아 있다는 것은 위와 같이 다양한 꼬리말(어미)들과 만나 문장 안에서 역할을 한다는 의미입니다. 하지만 '설겆다'는 그렇지 않습니다. 이미 사라진 말이거든요. 만약 '설겆다'가 살아 있는 말이라면

'설겆이'가 맞춤법에 맞는 말이었을 것입니다. 같은 의미를 가진 말은 같은 모양으로 적어야 하니까요. 하지만 '설겆다'는 더 이상 새로운 말을 만들어내지 못합니다. 다만 옛날에 '설겆다'라는 말이 살아 있었을 당시 만들어진 '먹은 후에 그릇을 씻어 정리하는 일'이라는 뜻의 '설거지'는 남았습니다.

이렇게 어원이 되는 말이 이미 죽어서 어원을 알 수 없게 된 말은 소리 나는 대로 적는 것이 맞춤법의 원칙이랍니다. 그래서 '설겆이'가 아닌 '설거지'가 올바른 말로 채택된 거예요. 기억하세요. '어원에서 멀어진 말, 어원을 명확히 알 수 없는 말은 소리 나는 대로 적는다.'

이런 단어에 무엇이 있는지도 함께 기억하면 좋겠죠?

✓ 주먹, 지붕, 볼거리, 목거리

'넓죽' 그리고 '넙쭉'

틀린 표기 이유 없이 그것을 **넓죽** 받을 수는 없잖아.

우리말의 겹받침 표기는 어렵습니다. 어떤 경우든 두 자음이 모두 나는 경우는 없거든요. '넓적하다'라 고 적더라도 소리는 [넙]으로 납니다. 그래도 '넓다'에 받침 'ㄼ'을 적는 것은 모음을 연결하면 '넓어[널버]'로 'ㄼ' 받침을 가진 말이라는 것이 확인되기 때문입니다. 그런데 'ㄼ'과 같은 겹받침 표기에 신경을 쓰다 보면 원래 겹받침이 아닌 말인데도 겹받침을 적어야 하는 것이 아닌가 고민하게 됩니다.

✔ **넓죽** 엎드리는 것이 최선인 경우가 많다
ㄴ **넙죽**(O)

'넙죽'을 '넓죽'이라고 적지 않는 이유는 이 말의 의미가 '넓다'와 관련이 없기 때문이에요. '넙죽'은 '망설이지 않고 주저 없이 무엇인가를 하는 모양'을 가리키는 말입니다. '넙죽'과 짝을 이루는 말인 '납작'도 마찬가지예요. 이 역시 '넓다'와 관련되지 않으니 'ㄼ'을 밝히지 않고 소리 나는 대로 적어야 합니다.

그런데 이 단어를 소리 나는 대로 적는다면 '넙쭉'이라고 적어야 하는 것은 아닌지 의문이 들 수 있습니다. 우리말에서 앞말의 받침이 [ㄱ, ㄷ, ㅂ]으로 소리 나면 뒷말은 자동으로 된소리가 되거든요. 하지만 이것은 예측할 수 있기 때문에 표기에 반영하지 않습니다. 때문에 '넙죽', '납작'이 옳은 맞춤법이 됩니다.

05

'열쇄'

> 틀린 표기 | 도둑에게 **열쇄**를 맡긴 꼴이다.

우선 '열쇠'와 '열쇄'를 발음해 보세요. 비슷하죠? [외], [웨], [왜]의 발음을 구분하는 것은 전문가들에게도 어려운 일입니다. 그러다 보니 '열쇠'를 '열쇄'로 잘못 적는 일이 많습니다. 이와 비슷한 '자물쇠'를 '자물쇄'로 적기도 하지요. 중요한 것은 '열쇠'와 '자물쇠' 모두 순우리말이라는 점입니다. '열다'와 '쇠'를 합친 말이 '열쇠'거든요. '자물쇠' 역시 마찬가지예요. '잠그다'의 옛말에 '쇠'를 합친 말이 '자물쇠'입니다.

그럼 이쯤에서 드는 궁금증, '쇠'는 순우리말일까

요? 누구나 아는 한자 쇠 금(金)자의 뜻을 보면 금방 알수 있듯이 '금속'에 해당하는 순우리말이 '쇠'입니다. 그런데 '열쇠', '자물쇠'의 '쇠'를 한자로 생각하는 사람들이 있는 듯합니다. 이는 '쇄'를 활용하는 한자어가 많기 때문일지도 모릅니다.

✔ **연쇄**(連鎖), **인쇄**(印刷), **쇄신**(碎身), **상쇄**(相殺), **봉쇄**(封鎖), **쇄도**(殺到)

의미상으로 '쇄국정책(鎖國政策)'의 '쇄(鎖)'를 '열쇠'와 연결 지어 생각하는 분들도 있더라고요. 하지만 '열쇠'는 순우리말이에요. 그리고 순우리말에는 '쇄'를 사용하는 단어가 거의 없답니다.

06

'칠흙'

현대사회에서 **칠흙** 같은 어둠을 경험하는 것도 쉽지 않아.

오늘날 '칠흑'이라는 말을 쓰는 경우는 한정되어 있어요.

✓ **칠흑** 같은 밤, **칠흑** 같은 어둠

옛날에는 '칠흑처럼 검은 머리'와 같은 표현도 줄곧 쓰였지만, 오늘날에는 거의 쓰이지 않습니다. 때문에 '칠흑'이라는 말이 어디로부터 온 것인지를 알기도 어렵지요. 우리는 어원을 알지 못하는 단어에 자신이 아는 말의 질서를 적용하고자 합니다. '칠흑'의 '흑'을 우리가 잘 아는 '흙'이라고 적는 것도 그런 생각이 반영된 것이에요. 하지만 '칠흑'에는 '흙'이 없습니다. 이 단어의 의미를 파악해 볼까요?

음	칠(漆)	흑(黑)
뜻	옻	검다
연관 단어	나전**칠**기	근묵자**흑**

'칠'의 뜻인 '옻'은 흑색 염료입니다. '나전칠기'에 쓰는 그 '칠'입니다. 또 '흑'은 검은색을 의미하는 한자입니다. 검은 것과 가까이하면 똑같이 검게 된다, 즉 나쁜 것을 가까이하면 물들기 쉽다는 뜻의 사자성어 '근묵자흑(近墨者黑)'의 '흑'과 같은 글자예요. 그러니 '칠흑'은 '옻의 빛깔처럼 검은색'이라는 의미가 됩니다.

어떤 단어가 순우리말인지 한자어인지 아는 것은 맞춤법을 제대로 이해하는 데 도움이 됩니다. 또 관련 어휘를 생각하면서 어휘를 풍부하게 하는 데에도 도움이 됩니다.

'겉잡을'

'걷잡을 수 없다'라는 말은 하나의 덩어리처럼 묶여서 쓰입니다.

> ✔ **걷잡을** 수 없는 분노, **걷잡을** 수 없는 눈물,
>
>   **걷잡을** 수 없는 불길, **걷잡을** 수 없는 소문

이 말은 '감당하거나 통제할 수 없다'라는 의미로, '겉'과는 의미적 연관이 없습니다. 여러분이 잘 아시는 대로 '겉'은 '사물의 표면'을 의미하는 말입니다. '겉과

속', 이렇게 반의어와 함께 기억하는 것도 도움이 되겠네요. '걷잡다'의 '걷'에 '속'의 반대 의미가 들어 있지 않다는 것을 확인하기가 더욱 쉬워질 테니까요. 이런 의미상의 관계 때문에 '겉잡을 수 없는'이라고 적으면 잘못된 표기가 되고 맙니다.

올바른 표기 '걷잡다'의 '걷'은 '거두다'라는 의미를 갖습니다. 풀어 쓰면 '거두어 잡을 수 없는'이라는 의미이니 '통제'나 '감당'의 뜻을 갖죠.

사실 우리말에 '겉잡다'라는 말이 있기는 해요. 이 단어는 '겉'과 의미상 분명히 관계 있습니다.

✔ **겉잡아** 100개 정도 될 듯해.

여기서 '겉잡다'는 '대충 잡다'라는 의미를 가집니다. 속까지 깊이 보지 않았다는 의미에서 '겉'을 쓰는 것이지요. 단어에 어떤 의미가 담겼는가를 판단하는 것이 표기를 올바르게 하는 데 도움을 준다는 점을 다시 한번 확인할 수 있는 예시입니다.

'무릎쓰고'

민망함을 **무릎쓰고** 속내를 밝혔다.

'무릅쓰다'라는 말을 '무릎쓰다'로 잘못 적는 일이 많아요. '무릅'이 무엇인지 모르니 보다 익숙한 '무릎'이라고 착각하는 것이죠. 어원을 잘못 파악한 것입니다. 이를 바로잡으려면 '무릅쓰다'의 '무릅'이 '무릎'과 전혀 관련 없다는 사실을 확인해야 합니다. 일단 '무릅쓰다'의 활용 예시를 살펴보겠습니다.

✔ 희생을 **무릅쓰다**.
✔ 가난을 **무릅쓰다**.

✔ 부끄러움을 **무릅쓰다.**

예시의 어디에서도 '무릎'의 의미를 발견할 수 없습니다. 그렇다면 '무릅쓰다'는 원래 어떤 뜻일까요? 이 표현이 등장하는 15세기 문헌을 살펴보기로 해요.

✔ **니블 무루뻐 누벗거늘'**

《1460년경 삼강행실도 열녀:11》 중에서

→ 현대역: 이불을 덮어 써 누워 있거늘

여기서 나오는 '무루뻐'는 없어진 말인 '무릅다'에 '모자를 쓰다'할 때의 '쓰다'가 합쳐진 말이에요. 현대어로 번역하면 '엎어쓰다' 정도의 의미를 가진 말이지요. '무릅다'라는 말은 이미 사라졌지만, 이 단어가 살아있을 때 만들어진 '무릅쓰다'에 그 모양과 뜻이 남아 있습니다. 현재 우리가 쓰는 단어에는 조상들이 쓰던 말의 흔적이 묻어 있곤 합니다. 언어 안에서 우리 민족이 시공간을 초월해 만나는 것이지요.

09

'야밤도주'

| 틀린 표기 | 어제도 **야밤도주**에 관한 기사를 봤어. |

요새도 '야반도주'라는 단어를 많이 쓰는 듯해요. 드라마나 판타지 소설에서만 쓰는 것이 아니라 현실을 표현하는 데도 많이 나오더라고요. 그런데 이 말과 관련된 이상한 표기가 자주 눈에 띕니다.

✔ 빌딩 주인이 **야밤도주**를 해서 전세금을 찾을 수 없어요.

    └→ 야반도주(夜半逃走) (○)

이 말의 뜻을 파악해 봅시다. 우선 '도주'는 우리에

게 아주 익숙한 말이죠. 또 '밤 야(夜)'자도 그렇게 낯설지 않습니다. '밤 야'와 '도주', 두 단어만 해석해도 '밤에 도주하는 일'이라는 뜻을 파악할 수 있습니다. 그런데 '반'은 좀처럼 알기 쉽지 않습니다. 그러니 발음이 비슷하고 익숙한 '밤'으로 바꾸어버리는 일이 생긴 것이죠.

하지만 '야밤도주'는 두 가지 측면에서 이상한 말이 됩니다. 첫째, '야밤도주'에서 '밤'만 순우리말이라는 것입니다. 나머지는 전부 한자인데 말이죠. '夜밤逃走', 이렇게 쓰고 보니 더 이상하죠?

둘째, '야밤도주'에서 '야밤'을 해석하면 '밤밤'이라는 뜻으로 의미가 중복됩니다. 그러니 '야밤도주'는 올바른 표기가 아닙니다.

누군가는 이렇게 말할 수도 있어요. 일상에서 '야밤'이라는 말을 많이 쓴다고요. 맞는 말입니다. 하지만 그 '야밤'은 '밤밤'이 아니라 '한밤중'이라는 뜻으로 쓰이는 것입니다.

옳은 표기인 '야반(夜半)'은 '깊은 밤'을 뜻합니다. 여기서 '반'에는 '반 반(半)'자를 씁니다. '절반'이라고 할 때의 그 반입니다. 따라서 '야반도주'의 정확한 의미는

'한밤중에 도주하는 것'이고, 여기서 밤의 '한가운데'를 표현하는 말이 바로 '반'이죠. 이제 '야밤도주'가 아니라 '야반도주'라고 해야 하는 이유를 아시겠지요?

'얽히고섥히다' 그리고 '얼키고설키다'

> **틀린 표기** 등장인물들의 **얽히고섥힌** 관계를 파악하는 데만 한참이 걸린다.
>
> **얼키고설킨** 일에는 역사가 있게 마련이다.

언어는 '소리'와 '의미'로 이루어져 있어요. 맞춤법은 이 둘의 관계를 질서 있게 반영하여 표기하는 것입니다. 그런 면에서 '얽히고설키다'의 표기는 정말 어려워요. 왜 그런지 알아볼까요?

✔ **얽히고섥히다**(×): 앞뒤 말 모두 의미를 밝혀 적음

✔ **얼키고설키다**(×): 앞뒤 말 모두 소리 나는 대로 적음

✓ **얽히고설키다**(ㅇ): 앞말은 의미를 밝혀 적고 뒷말은 소리 나는 대로 적음

'얽히고설키다'에서 '얽히다'는 의미를 밝혀 적는 반면에 '설키다'는 소리 나는 대로 적었습니다. 표기에 반영된 질서가 일관되지 않죠. 우리는 우리도 모르게 표기 질서가 일관되길 바라고 있습니다. 그래서 '얼키고설키다'나 '얽히고섥히다'와 같은 맞춤법 오류가 발생하는 거예요.

그렇다면 이 표기에는 왜 일관된 질서를 반영하지 않는 것일까요? 우리가 평소에 쓰는 말 때문이에요. '얽히다'라는 말의 어원은 살아 있습니다. 이는 '얽다'로, 일상에서도 자주 쓰는 말입니다. '얽다'와 '얽히다'는 의미가 동일하니 같은 모양으로 적어야 합니다.

그런데 '섥히다'라는 말은 없습니다. '설키다'라는 말도 없지요. 어원이 무엇인지도 명확히는 알 수 없어요. 이런 경우는 소리 나는 대로 적어야 해요. '얽히고설키다', 이 단어 안에 적용된 이상한 질서를 통해 사실 우리는 우리가 현재 사용하고 있는 말이 무엇인지 알고자 한다는 것을 알 수 있습니다.

'덮히다' 그리고 '덮치다'

눈사태로 **덮힌** 마을은 여전히 눈에 **덮혀** 있다.

하얗게 쌓인 눈으로 **덮친** 산이 정말 아름답다.

'눈이 쌓인 모습'을 표현할 때는 '눈이 덮인'이라고 해야 올바른 표기입니다. '덮다'라는 단어로부터 생각하면 쉽습니다.

　✔ 눈이 마을을 **덮다** → 마을이 눈에 **덮이다**

눈의 입장에서는 마을을 '덮는' 것이고, 마을의 입장에서는 '덮이는' 것입니다. '덮다'의 의미가 동일하니 같은 모양으로 적어야 합니다. 이 '덮이다'를 '덮히다'로 잘못 적지 않도록 주의하세요. 우리말에 '덮히다'라는 말은 없으니까요.

비슷한 발음인 '덮치다'는 어떨까요? '덮치다'라는 말 역시 '덮'으로 적습니다. '덮다'의 의미를 이어간다는 뜻이죠.

✔ 산사태가 마을을 **덮다** → 산사태가 마을을 **덮치다**

└→ 강타하다

산사태는 무서운 기세로 마을을 덮잖아요. 그러니 '덮다'만으로는 의미가 충분히 전달되지 않습니다. 이때 '덮다'에 '-치-'를 넣으면 그 무서운 기세가 반영됩니다. '덮다'의 의미를 강력하게 만들어주는 것이지요. 누구나 알 법한 속담으로 이 '-치-'의 의미를 확인해 볼까요?

✔ 엎친 데 덮친 격.

'엎다'에 '-치-'를 넣은 말이 '엎치다'이고, '덮다'에 '치'를 넣은 말이 '덮치다'인 것이 이제는 눈에 보이죠? 국어에는 이렇게 '-치-'를 넣어서 의미를 강화한 단어가 많답니다. 맞춤법을 공부하면서 비슷한 단어들을 찾아보세요.

12

'승락'

> **틀린 표기** 이미 **승락하신** 사안입니다.

    단어는 혼자 존재할 수 없습니다. '승낙'이라는 단어는 이와 의미가 비슷한 '수락', '허락'이라는 단어와 관계를 맺고 있어요. 우리가 '승낙'을 '승락'이라고 착각하는 이유도 '수락', '허락'이 떠오르기 때문입니다. 사실 '승낙'의 입장에서는 매우 억울한 일이죠. 왜일까요? 이 단어가 한자어이니 한자음과 함께 살펴보도록 하겠습니다.

한자음	승(承)	낙(諾)
뜻	잇다	대답하다
관련 단어	계승, 승계	본음: 응낙 속음: 허락, 수락, 쾌락

'승낙'의 '낙(諾)'은 원래 [낙]으로 소리 나는 한자입니다. '응낙(應諾)'의 '낙' 역시 같은 한자이지요. 한자가 우리나라에 들어온 것이 2000년 가까이 되다 보니 본음에서 멀어진 소리들이 있습니다. 그것을 '속음'이라고 합니다. 승낙의 '낙'은 '본음'이고, 같은 한자를 쓰지만 소리가 다른 '수락(受諾)', '쾌락(快諾)', '허락(許諾)'의 '락'은 속음이에요. 이 한자의 속음 활용이 본음 활용보다 널리 쓰이다 보니 속음을 맞춤법으로 인정하게 된 것입니다.

이렇게 기억하세요. 승낙의 '낙'과 허락의 '락'은 같은 한자지만, '허락'은 특별히 속음으로 된 표기를 허락한 것이다!

13

'늙으막'

틀린 표기 **늙으막**에 새로운 인연을 찾는 분들이 많아졌대요.

'늙으막'이라고 적으면 무엇이 좋을까요? '늙'이 한눈에 보이니 이 단어가 '늙다'와 같은 의미를 가짐을 금방 알 수 있습니다. 어원을 밝혀 고정하면 이런 장점이 있지요. 그런데 '늙'을 밝혀 '늙+으막'으로 적으면 '늙'의 의미를 아는 데는 좋지만, "'으막'이 뭐지?'라는 의문이 듭니다. 이 말은 '으막'이 새로운 말을 만들어내는 힘을 잃었다는 것을 의미합니다. '늙음'과 비교하면 금방 알 수 있어요.

✔ **'늙음'의 '–음' 활용**: 죽음, 졸음, 울음, 믿음, 걸음, 울음

늙음에서 '–음'은 다른 단어들과 만나 다양한 말을 만들어냅니다. 그래서 '늙'과 '음'을 각각 밝혀 적었을 때 우리는 '늙'에서는 의미를, '음'에서는 역할을 읽어 낼 수 있어요. 하지만 '늙으막'은 그렇지 않아요. '으막'이 어떤 의미인지, 어떤 역할인지 알 수 없습니다. 이런 경우 우리는 '늘그막'이라는 단어 자체가 '늙다'로부터 독립했다고 판단해 소리 나는 대로 적습니다. 이와 같은 원리로 소리 나는 대로 적는 단어가 아주 많답니다. 몇 가지만 예를 들어 보겠습니다.

원형을 밝히지 않고 소리 나는 대로 적는 명사들

꾸중(꾸짖웅)   나머지(남어지)   누룽지(눋웅지)

늘그막(늙으막)   도랑(돌앙)   동그라미(동글아미)

뻐드렁니(뻗으렁니)

14

'둘러쌓여'

> **틀린 표기** 남이 주는 정보에 **둘러쌓여** 자기 생각을 놓치면 안 된다.

'둘러쌓여'라고 적으면 왠지 더 공들인 표기 같은가요? 생각보다 '둘러싸여'를 '둘러쌓여'로 잘못 적는 일이 많더라고요. 사실 이런 식의 잘못된 표기가 생기는 것은 이상한 일은 아닙니다. 국어의 받침 'ㅎ'은 정말 어렵습니다. 자주 생략되기 때문에 표기에 반영하는 것이 쉽지 않지요. 기본형의 발음으로 구분해야 하는데, '둘러쌓이다'와 '둘러싸이다'는 기본형의 발음도 같기 때문에 혼동이 생길 수밖에 없어요. 이런 경우에는 이 말이 어디서 왔는지, 원형의 기본형으로 비교하는 것이 좋습니다.

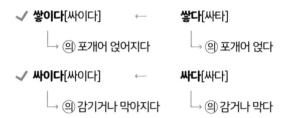

✔ **쌓이다**[싸이다] ← **쌓다**[싸타]
  └→ ㉠ 포개어 얹어지다   └→ ㉠ 포개어 얹다

✔ **싸이다**[싸이다] ← **싸다**[싸다]
  └→ ㉠ 감기거나 막아지다 └→ ㉠ 감거나 막다

'쌓이다'는 '쌓다'에서 온 말이에요. [싸타]로 발음되니 'ㅎ'을 받침에 돌려주어 '쌓'이라 적어야 하겠죠. '싸이다'는 '싸다[싸다]'에서 온 말로, 발음에 'ㅌ'이 발견되지 않아요. 원형으로 구분하면 어렵지 않아요. '둘러싸이다'의 의미는 '다른 것에 감기는 상황'이지 무엇이 쌓아지는 상황은 아니니까요.

항상 기억하세요. 어떤 표기가 올바른지 판단하는 데는 의미와 소리, 이 두 가지 요소가 관여합니다. 이 두 가지에 주목하고, 일부러 잘못된 표기를 함께 기억하면 더욱 좋습니다.

15

'짓밟히다'

틀린 표기	인권이 **짖밟히는** 현장을 보면 가슴이 무너진다.

'짖밟히다'와 '짓밟히다'는 발음이 같습니다. 따라서 이를 구분하려면 의미를 정확히 파악해야 합니다.

일단 '짖-'부터 보겠습니다. '짖'이라고 적으려면 이 단어에 '짖다'의 의미가 있어야겠죠? 그런데 현재 우리말에서 자주 쓰이는 '짖다'는 소리와 관련된 것뿐이에요.

✔ **짖는** 개는 물지 않는다.

'짓밟히다'에는 이런 의미가 없으니 받침에 'ㅈ'을 적는 것은 잘못된 일입니다.

올바른 표기인 '짓밟히다'의 '짓-'은 우리말 단어를 만드는 데 중요한 역할을 합니다. 다음의 예를 보세요.

✓ **짓밟다**(→짓밟히다)

✓ **짓**누르다

✓ **짓**무르다

✓ **짓**이기다

✓ **짓**궂다

✓ **짓**찧다

이 단어들에서 '짓-'을 빼도 모두 독립적으로 사용할 수 있습니다. 이 '짓-'은 다른 말의 앞에 놓여서 '마구', '함부로', '심하게'라는 의미를 더합니다. 이들 단어와 함께 생각하면 '짓누르다', '짓무르다', '짓궂다'와 같은 오류도 줄일 수 있을 것입니다.

16

'깨닳음'

> **틀린 표기** 깊은 **깨닳음**을 주는 사람을 만난다는 것은 삶의 큰 기쁨이다.

'깨닳음'과 '깨달음'은 발음이 같아요. 앞서 말했듯 받침 'ㅎ'은 모음 앞에서 소리 나지 않아 표기상 혼동을 가져오게 마련입니다. 이런 경우에는 기본형이나 원형을 떠올리면 좋습니다. 받침에 'ㅎ'을 가진 것은 기본형의 '-다'를 [타]로 발음하게 하니 'ㅎ'을 앞말로 옮겨 적을 수 있으니까요. 그렇다면 '깨달음'의 원형은 어떤 단어일까요? 바로 '깨닫다'입니다.

✔ **깨닫다**: 자음 앞 - 깨닫고, 깨닫지만, 깨닫도록, 깨닫자

모음 앞 - 깨달아, 깨달으니, 깨달으면, 깨달을수록

'깨닫–' 뒤에 자음이 오는지, 모음이 오는지에 따라 그 모양이 달라집니다. 이는 다른 단어들과 다르게 행동합니다. '불규칙 동사'니까요. 불규칙한 것들은 소리를 그대로 표기에 반영합니다. '깨달음'은 '깨닫–' 뒤에 '–음'을 붙여 만든 단어입니다. 모음이 앞에 와서 '깨달음'으로 바뀐 것이고요. 그러니 소리 나는 대로 '깨달음'이라고 적는 거예요.

여러분의 자연스러운 발음을 믿으세요. 우리는 어려운 표기 원칙을 적용하는 단어도 입말로는 자연스럽게 사용하거든요. 그 발음을 그대로 따라 적기만 하면 됩니다.

ㄷ **불규칙 용언**(받침 ㄷ이 모음 어미 앞에서 ㄹ로 바뀌는 동사)

	불규칙	규칙
걷다	⑩ 도보: 걷고, 걸어, 걸음	⑩ 거두다: 걷고, 걷어, 걷음
듣다	⑩ 청취: 듣고, 들어, 들음	⑩ 떨어짐: 듣고, 듣어, 듣음
묻다	⑩ 질문: 묻고, 물어, 물음	⑩ 매장, 부착: 묻고, 묻어, 묻음
싣다	⑩ 탑재: 싣고, 실어, 실음	
깨닫다	⑩ 각성: 깨닫고, 깨달아, 깨달음	

17

'부숴뜨리다'

'부서뜨리다'라는 말을 보면 '부수다'가 생각나신다고요? 그렇다면 칭찬받아 마땅합니다! 원형을 찾아 의미를 표기에 반영하려는 취지니까요. 이 말이 오늘날 '부수다'와 '뜨리다'가 결합된 것이라면 '부수다'를 밝혀 '부숴뜨리다'로 적는 것이 옳을 것입니다. 그런데 여기에는 조금 복잡한 사연이 있습니다. '뜨리다'에 그 실마리가 있어요. 이를 포함한 단어들을 살펴볼까요?

✓ 부러뜨리다, 쓰러뜨리다 떨어뜨리다, 빠뜨리다,

   망가뜨리다, 무너뜨리다, 퍼뜨리다, 깨뜨리다,

   넘어뜨리다, 늘어뜨리다

위 예시에서 '뜨리다' 앞에 놓인 단어들을 볼까요? 이 말들은 오늘날 '부러지다', '쓰러지다', '떨어지다', '빠지다', '망가지다', '무너지다', '퍼지다' 등이 되어야 홀로 쓰일 수 있어요. 이 질서를 지금 논의하고 있는 말에 적용해 보세요. '부서지다'가 있네요. 이 '부서-'를 확인해 '부서뜨리다'가 올바른 표기임을 알 수 있어요.

좀 더 깊이 들어가 볼까요? '부서지다, 부러지다, 쓰러지다, 떨어지다'와 같은 말에 '지다'를 붙여보라고 한 이유는 세 가지 때문입니다. 첫째, 옛날에는 '부수다'가 다른 모양을 가졌다는 것을 알기 위해서입니다. 둘째, '부수다'의 옛말이 어떤 모양인지를 아는 데 '부서지다'가 도움이 되기 때문입니다. 셋째, '부서뜨리다' 역시 아주 오래전에 만들어진 단어임을 확인하려는 것입니다. '부서지다'의 옛말을 확인해 볼까요?

> ✓ <u>쎼 붗어디며</u> 갓과 솔쾌 버흐며
>
> └─ 브ᄉ + 어 + 디 +며   《1466 구급간이방》 중에서)
>
> → 현대역: 뼈가 <u>부서지며</u> 자죽과 살이 베어지며

'붗어디며', 즉 '브ᄉ다'가 바로 '부수다'의 옛 모양입니다. '브ᄉ+어'에서 'ㅡ'가 탈락해 만들어진 말이 '브ᅀᅥ→부서'이고, 이 것이 곧 오늘날 '부서지다' 앞에 놓인 '부서'예요.

'부서뜨리다' 역시 마찬가지예요. '브ᅀᅥ→부서'에 '뜨리다'가 붙어 만들어진 말이 그대로 남은 것입니다. '뜨리다'가 붙은 단어는 모두 그래요. 그러니 '뜨리다' 앞에 놓인 말이 현대어에 독립적으로 쓰일 수 없는 경우가 생기는 거예요. 옛말인 '부서지다'를 확인하고, 그와 궤를 같이 하여 만들어진 단어가 '부서뜨리다'라는 사실을 알게 되면, 왜 이 표기가 올바른 것인지 알 수 있습니다.

그렇다면 오늘날처럼 '부수다'라는 표기가 완성된 것은 언제일까요? 사실 그리 오래된 일은 아니에요.

✓ **부수다**

‘브ᅀᅳ다’의 ‘ㅿ’이 ‘ㅅ’으로 변하고 ‘ㅡ’가 ‘ㅜ’로 변하는 과정을 거쳐, 1880년대에서야 ‘부수다’로 정해졌습니다. 이 변화 이전에 ‘부서지다, 부서뜨리다’가 생긴 것이고요.

18

'닭계장'

> **틀린 표기**　이 가게는 **닭계장**이 맛있다.

　'닭 계(鷄)'는 우리가 잘 아는 한자 중 하나입니다. '계란'이나 '영계'와 같은 말로 자주 확인할 수 있는 말이기도 하고요. 때문에 닭을 넣어 얼큰하게 끓인 국을 '닭계장'으로 잘못 표기하는 일이 많습니다. 닭의 의미를 뒤에 온 한자에도 그대로 옮긴 것이죠.

　그런데 닭과 관련된 음식에는 '계장'이라는 건 없습니다. 음식과 관련한 단어로 '개장'이나 '개장국'이라는 말은 있습니다. 이는 예부터 보신을 위해 먹었던 얼큰한 음식을 의미합니다. 닭개장은 '닭을 재료로 하여 만든 개장국'을 의미하므로 '닭개장'이 올바른 표기입니다. 같은 원리로 육개장은 '육고기'를 재료로 하여 만든 개장국이므로 '육개장'이 맞습니다. 이를 '닭계장', '육계장'으로 잘못 표기하지 않도록 주의합시다.

19

'전셋방'

> **틀린 표기** **전셋방**을 전전하는 것도 이제 그만 했으면 좋겠다.

'전셋방'이라 적었는데 잘못된 표기라는 말을 들으면 억울할 수 있습니다. 왜냐고요? '셋방'은 올바른 표기거든요. '셋방'은 맞고 '전셋방'은 틀리다니, 일관성이 없잖아요. 하지만 사연을 알고 나면 이 맞춤법을 이해하게 됩니다.

일단 한자어와 한자어가 결합된 말 사이에는 사이시옷을 적지 않는다고 앞서 배웠습니다. 사이시옷 표기의 대원칙이지요. 한자어 사이에 사이시옷을 적기

시작하면 사이시옷을 적어야 할 단어가 엄청나게 많아집니다. 또 한자는 뜻글자인데, 사이시옷을 넣으면 그 뜻이 금방 확인되지 않는 부작용이 생깁니다. 그래서 아예 한자어 사이에는 사이시옷을 넣지 않기로 한 것입니다.

하지만 지금까지 너무 많이 사용되어서 사이시옷을 빼고 적으면 더 불편한 단어 6개만 예외로 남겨두게 되었습니다. 다시 한번 확인할까요?

한자어지만 사이시옷을 사용한 단어 6가지

곳간(庫間)	셋방(貰房)	숫자(數字)
찻간(車間)	툇간(退間)	횟수(回數)

한자어에 사이시옷을 적는 것, 즉 예외 단어는 위의 6개이고, 모두 2음절어입니다. '전세'와 '방'으로 이루어진 '전세방'은 위의 6개에 속하지 않습니다.

하지만 '전세방'과 '셋방' 사이의 관계를 따져본 것은 일단 칭찬할 만한 행동입니다. 단어는 혼자 존재하지 않는다고 했지요. 앞으로도 관계를 보고 그 관계를 확장해야 문법을 제대로 이해할 수 있답니다. '전세방, 월세방, 셋방'의 관계를 따져본 것처럼요.

우리는 앞서 '횟수, 숫자' 때문에 비슷한 의미를 가진 '개수, 소수'가 혼동될 수 있다는 점을 논의한 바 있어요. 사이시옷 표기 원리가 궁금하다면 〈3장. 실은 사전에 없는 말〉 중 '08. '갯수'와 '개수''(176페이지)로 돌아가 확인하세요.

한 번에 전부 이해하려고 하지 말고 여러 번 차근히 확인하는 것이 문법을 배우는 데 더욱 효과적입니다.

20

'끼어들기'

틀린 표기 거기서 **끼여들기** 있어?!

'끼어들기'를 [끼여들기]라고 발음하는 경우가 많습니다. 자연스러운 발음이라 표준발음으로 허용하기도 하고요. 그렇다고 해서 표기까지 소리 나는 대로 '끼여들기'라고 적으면 곤란합니다.

일단 '끼다'라는 말 자체가 '끼이다'의 준말입니다. '끼어들다'가 이미 '끼이어들다'인데 여기에 다시 '이'를 넣은 표기가 '끼여들기'입니다. 그러니 아주 잘못된 표기죠. 기본형 '끼어들다'는 다음과 같이 쓰이니 이를 확인하면서 '끼어들기'라는 표기를 기억해 두세요.

✓ 연인 사이에 **끼어들면** 안 된다.

✓ 관중 사이에 **끼어들어** 앞으로 나갔다.

✓ 우리 차 앞으로 대형 트럭이 **끼어들었다.**

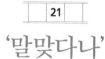

'말맞다나'

오빠 **말맞다나** 세상이 너무 빠르게 변하네.

'마따나'는 조사입니다. "'마따나'라는 말이 있었나?' 의문스럽죠? 그런데 아래의 예를 보면 생각보다 잘 아는 단어일 것입니다.

- ✔ 당신 **말마따나** 경기가 더 불안해질 듯해.
- ✔ 자네 **말마따나** 며칠 쉬어 가야겠어.
- ✔ 선생님 **말마따나** 중요한 것은 자신이지요.

이 '마따나'는 항상 '말'과 함께 쓰입니다. 그래서 '말한 대로', '말한 바와 같이'라는 의미를 나타내지요. 이를 '말대로', '말처럼', '말같이'라고 표현하는 편이 더욱 일상적입니다. 분명 이 '마따나'는 이전에 스스로 의미를 갖는 말이었을 것입니다. 아마 '맞다'와 관련되었을 것이고요. 하지만 세월이 지나면서 어원을 잃고 조사가 되어 버리고 말았습니다. 이런 방식으로 단어가 의미를 잃고 조사가 되는 일은 생각보다 많답니다. 지금도 그 변화가 진행 중이고요. 이를 어려운 말로 '문법화'라고 합니다. 의미를 잃고 문법적 형식이 되었다는 말이죠.

앞으로 '말마따나'라는 말을 듣거나 읽을 때마다 독립적 단어도 언젠가 조사가 될 수 있다는 사실을 떠올렸으면 좋겠습니다. 언어는 언제나 변화합니다. 단어가 의미를 잃거나 의미를 새로 얻는 과정도 되풀이되고 있어요. 복잡하고 어려운 맞춤법은 대개 이런 과정을 반영하는 경우가 많아요. 그러니 어렵다고 피하지 말고, 언어의 당연한 변화라고 받아들였으면 합니다.

5 장

"일부러 그렇게 쓰는 거야?" 혼란한 맞춤법

'구지'

굳이 서울까지 가서 봐야 하는 일인지.

'굳이'를 발음해 보세요. 누구나 이를 [구지]로 발음합니다. 그렇다면 '구지'로 적어야 할까요? 앞서 어떤 경우에 소리 나는 대로 적는다고 했는지 떠올려 보세요. 어원에서 멀어지거나 어원을 알 수 없는 경우에 그렇게 한다고 했지요? '굳이'는 어떤 단어로부터 왔을까요? '굳'으로 시작하는 단어, '굳다'가 떠오르지 않으세요? 일단 어원에 해당한다고 생각되는 단어의 기본형을 잡아 보세요.

✔ **굳다**: 굳고, 굳어, 굳으니, 굳더라도, 굳거든, 굳다, 굳으면,
굳으니까

 '굳이'의 어원에 해당하는 '굳다'는 살아 있는 단어입
니다. 기본형이 다양하게 변화하면서 문장에 나타나
는 것이 보이죠? '굳이'의 의미 역시 '굳게'로, 어원과 관
련 있습니다. 같은 의미를 가진 말은 같은 모양으로 적
어야 합니다. 그것이 표기의 중요 원칙이니까요. '굳
이'는 한국어 화자 모두 [구지]로 발음합니다. '구개음
화'라는 규칙이 적용되었기 때문입니다. '구개음화'라
는 규칙은 〈1장. 헷갈리기 쉬운 맞춤법〉에서 살펴보았
지요? 간단히 다시 정리해 볼까요?

 [ㄷ, ㅌ, ㄸ]는 혀끝에서 나는 소리이고, [ㅣ] 모음은
구개음 근처에서 나는 소리예요. 이 [ㅣ] 모음이 [ㄷ,
ㅌ, ㄸ]를 자신과 가까이에서 소리 나는 [ㅈ, ㅊ, ㅉ]로
바꾸는 현상을 구개음화라고 합니다. 이런 것을 '동화'
라고 해요. 모음이 자음을 동화시킨 것이지요.

 물론 음운현상의 이름이 중요한 것이 아니에요. 모
두 [구지]라 발음하더라도 어원 '굳다'를 우리 모두가
알고, 이 단어가 살아 있으니 어원과 같은 모양을 밝

혀 적어 주어야 합니다. 이것을 군이 '구지'라 적으면
혼란스러울 뿐이니까요.

'월래'

> **원래** 그런 것은 없지.

'원래(元來/原來)'는 한자어입니다. 풍부한 언어생활, 좀 더 수준 높은 언어생활을 하고 싶다면 한자어에 관심을 갖는 것이 좋습니다. 한문 말고 한자로 된 우리말 어휘를 말하는 거예요. 우리말의 한자어 비율은 거의 60퍼센트에 달하거든요. 이에 대한 관심이 어휘 능력을 더 다양하게 만들어 줄 수 있어요. 맞춤법을 제대로 지키기 위해서도 한자어에 관심을 갖는 것이 필요합니다.

'원래'의 한자어는 '元來' 또는 '原來'로, 시초나 근원

을 의미합니다. '원'은 '원판(原板)' 할 때의 그 '원(元, 原)'
으로, '처음'이라는 뜻을 가지고 있습니다. 그리고 '래'
는 '본래(本來)' 할 때의 '래(來)', 즉 '내려오다'라는 뜻입
니다. 이처럼 '원래'라는 단어를 익히면서 '본래'와 '원
판'이라는 한자어를 함께 알 수 있습니다. 이렇게 비
슷한 뜻을 가진 단어들을 모으면서 뜻을 익히는 것도
좋은 방법이에요. 끝말잇기처럼 단어를 익히되, 같은
뜻을 가진 한자로 이어가는 거예요.

　원래의 발음은 [월래]입니다. 한국어는 'ㄹㄴ'이나
'ㄴㄹ'이 연속으로 발음되지 않아요. 그래서 [ㄹㄹ]이
나 [ㄴㄴ]으로 바뀌어야 하죠. 어렵다고요? 걱정 마세
요. 여러분은 일상에서 이 어려운 것을 자연스럽게 하
고 있으니까요. '원래'가 [월래]라고 소리 난다고 해서
이를 '월래'로 적으면 어떻게 될까요? '원판'의 '원'과 그
모양이 멀어지겠죠. 같은 의미는 같은 모양으로 적어
야 하는데 말입니다. 표기의 제일 중요한 원칙이지요.
그러니 [월래]라고 소리 나더라도 한자음을 밝혀 '원
래'로 적어야만 합니다.

03

'꽤' 그리고 '꾀'

아주 **꾀**가 많은 소년이다.

꽤 많은 소년이 응모했다.

　'꽤'와 '꾀'는 전혀 다른 단어예요. 문장 안에서 하는 역할도 다르고요. 일단 '꾀'는 '기지'나 '재치'를 뜻하는 말이에요. '꾀돌이'에 들어 있는 '꾀'가 이 말이지요. 이는 문장 안에서 주어나 목적어로 쓰일 수 있는 명사입니다.

　'꽤'는 전혀 다릅니다. 일단 문장 안에서 주어나 목적어로 쓰이는 경우가 거의 없지요. '제법 많이'라는 의미로 서술어를 꾸며서 강조하는 데 사용됩니다.

그런데 요사이 '꾀'라는 말을 쓰는 일이 점점 줄어들고 있어요. '재치 있다', '기지 넘친다'라는 한자어를 쓰거나 '위트 있다'와 같은 외래어로 표현하는 일이 더 많아지고 있지요.

반면 '꽤'는 일상에서 꽤 많이 쓰입니다. 저도 바로 앞 문장에서 사용했네요. '꽤'와 '꾀'의 발음은 꽤 비슷합니다. 일단 우리말의 '외'는 '웨[we]'로 소리 나는 일이 많거든요. 젊은층일수록 이렇게 발음하는 일이 더 많아요. 표준발음법으로도 인정하고 있을 정도예요. 그러면 '꽤'와 '꾀'는 '[wε] - [we]'로 소리가 나게 됩니다. 그런데 우리말에서 'ㅔ[e]'와 'ㅐ[ε]'의 구분이 점점 어려워지고 있다고 앞서 말했습니다. 여기에 'w'까지 생겼으니 더 혼동될 수밖에요. 앞서 '왠'와 '웬'의 혼동에서 이 문제를 확인한 바 있어요.

이런 경우에 어떤 일이 생길까요? '꽤'가 훨씬 많이 쓰이니 '꽤'의 뜻을 가진 말을 '꾀'로 잘못 쓰는 일이 많아질 수밖에요. 의미는 '꽤'로 고정되지만, 이것의 발음이 '웨[we]'인지, '왜'인지 모르겠으니 잘못 쓰는 거예요.

✔ 강의 시간이 **꾀** 길다 ← **꽤**(○)

    └→ 발음을 [we]로 혼동한 것

✔ **꾀** 매력 있는 사람이다 ← **꽤**(○)

    └→ 발음을 [we]로 혼동한 것

    인터넷을 조금만 찾아봐도 이런 오류를 많이 볼 수 있습니다. 다시 한번 말하지만, '제법, 조금 더'를 의미하는 말은 '꽤'입니다. 이를 '재치'를 의미하는 순우리말 '꾀'와 함께 기억해 두는 것이 좋겠습니다. 그러면 '꽤'를 '꾀'로 잘못 쓰는 일을 줄일 수 있을 거예요.

04

'절대절명'

오늘날 기후 위기를 극복하는 것이 **절체절명**의 과제
이다.

'절체절명(絕體絕命)'을 제대로 쓰려면 단어의 구조를
들여다보아야 합니다.

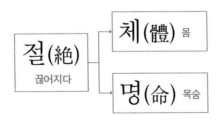

첫 번째, 세 번째 글자인 '절(絶)'은 '몸(體: 체)'과 '목숨(命: 명)'을 꾸밉니다. 우리의 몸과 목숨이 끊어질 정도로 위기 상황이라는 것이죠. 이 꾸밈의 방식을 고려하지 않으면 그저 위기 상황이라는 뜻만 생각하게 됩니다. 그래서 위기 상황을 표현할 때 우리가 자주 사용하는 말인 '절대'와 연결 지어 '절대절명'이라고 잘못 적는 일이 생깁니다.

이상한 일은 아닙니다. 이 말이 어디에서 온 것인지 그 어원을 잘 알지 못하면 자주 접하는 말을 떠올리게 마련이거든요. 하지만 말을 구성하는 방식을 이해할 필요가 있습니다. 자주 사용하는 사자성어인 경우에는 특히 그렇습니다. 하나를 보고 하나만 생각하지 말고, 둘이나 셋까지 생각하라는 말도 있지요. 지금 우리는 의미도 중요하지만, 단어의 구조도 중요하다는 사실을 배운 것입니다.

05

'안성마춤'

심지어 **안성맞춤** 데이트 장소도 소개해 준다.

'안성맞춤'의 '안성'은 우리가 잘 아는 도시 이름입니다. '맞춤' 역시 우리가 잘 아는 말입니다. 예를 들어 볼까요?

> ✓ 잔치를 하려고 떡을 **맞췄다**.
>
> = 잔치를 위해 맞춤 떡을 주문했다.

여기서 '맞추다'는 어떤 '알맞은 물건을 미리 주문하여 만듦'이라는 뜻입니다. 그렇다면 어떻게 '특정 지역의 이름'과 '맞춤'이 만나 '요구하거나 생각한 대로 잘 된 물건이나 일'을 가리키는 말이 된 것일까요?

여기에는 역사가 개입합니다. '유기'라는 단어 아시죠? 놋그릇의 다른 말이요. 오래전부터 안성의 맞춤 유기는 질 좋고 사용하기에도 좋기로 유명했습니다. 그렇게 '안성맞춤'이라는 말이 생겨났고, 그 의미가 더 확대되어 '아주 잘 만든 물건'이라든지 '상황에 아주 적합한 일'이라는 뜻으로 쓰이게 된 것이죠. 이 '맞춤'이라는 말은 요즘에도 흔히 사용됩니다.

- ✓ 청소년 **맞춤** 도서
- ✓ **맞춤** 게임
- ✓ **맞춤** 양복
- ✓ **맞춤** 치료

여기에 쓰인 '맞춤'의 의미가 '안성맞춤'의 '맞춤'과 같으니 원형을 밝혀 '맞춤'이라고 적어야 올바른 표기입니다.

06

'일사분란'

사관생도의 **일사불란**한 움직임이 감탄을 자아내게 했다.

질서정연하게 착착 진행되는 모습을 일컫는 '일사불란'을 '일사분란'이라고 잘못 적는 일이 많습니다. 우스꽝스러운 일이죠. 우선 '일사불란(一絲不亂)'이 무슨 뜻인지 알기 위해 한자 구성부터 살펴볼까요?

음	일(一)	사(絲)	불(不)	란(亂)
뜻	하나	실	아니	어지럽다
전체 뜻	실 하나도 어지럽지 않음 = 질서 정연함			

질서정연하여 실오라기 하나도 엉키지 않았다는 비유가 바로 '일사불란'이에요. '일사불란'의 의미 그대로 '일사분란하다'는 말로도 자주 쓰입니다. 여기서 '불'의 역할이 중요합니다. 어지럽다는 것을 부정하는 의미로 쓰였지요? 그래서 이 단어 안의 '불란'은 '어지럽지 않음'으로 해석돼요.

하지만 잘못된 표기인 '일사분란'에서 나타나는 '분란'은 이와 전혀 다른 의미입니다.

음	분(紛)	란(亂)
뜻	어지럽다 소란스럽다	어지럽다 무도하다
전체 뜻	어수선함, 소란스러움	

'분란'을 이루는 앞뒤 말의 의미가 다 '어지럽다'입니다. 그것을 두 번이나 써 의미를 강조하기까지 했죠. '일사불란'의 의미와는 정반대입니다.

흥미로운 것은 '불란(不亂)'과 '분란(紛亂)' 모두 [불란]으로 소리 난다는 점이에요. 그러니 헷갈리는 것이 당연하죠. 항상 기억하세요. 언어는 '소리'와 '의미'로 구성되어 있어요. 둘 중 하나만 생각하면 오류가 생길 수 있어요. 둘을 함께 생각해야 합니다.

07

'아비귀환'

사고 현장은 말 그대로 **아비규환**이었다.

'아비규환(阿鼻叫喚)'이라는 말은 비교적 어려운 한자 성어입니다. 이 말이 어디에서 온 것인지 알지 못하면 뜻을 유추하기 어려우니까요. 그럼 우선 어원을 알아볼까요?

불교에서는 인간이 지은 죄에 따라 사후에 가는 지옥을 8개로 구분합니다. '아비규환'이라는 말은 이 중 두 가지 지옥 이름, '아비지옥(阿鼻地獄)'과 '규환지옥(叫喚地獄)'을 합친 말이에요. 두 지옥 모두 불 속에서 고통을 주는 지옥이라고 합니다. 따라서 '아비규환'은 그

두 지옥에 있는 사람들처럼 비참하고 절망적인 상황을 비유적으로 이르는 말입니다.

그런데 이 말이 그 두 가지 지옥 이름을 더한 것임을 모른다면 우리도 모르게 비슷한 말을 찾아 적게 됩니다. '아비규환'을 '아비귀환'으로 잘못 쓰는 이유가 바로 그것입니다. 하지만 우리가 잘 아는 '귀환(歸還)'이라는 말에는 '아비규환'의 의미가 전혀 없습니다. '귀환'의 한자어와 뜻은 다음과 같거든요.

음	귀(歸)	환(還)
뜻	돌아가다	돌아오다
전체 뜻	원래 있던 곳으로 돌아감	

이렇게 잘못된 표기가 지속되다 보면 '아비지옥으로 돌아가다'라는 엉뚱한 뜻이 생긴 채로 떠돌아다닐 수도 있답니다. 그러니 늘 단어의 의미에 주의하며 올바르게 사용해야 합니다.

08

'직효'

저의 우울함을 해결하는 데에는 '금융치료'가 **즉효**랍
니다.

인터넷을 조금만 찾아봐도 아래와 같은 잘못된 예
시를 흔히 만날 수 있어요.

- ✓ **직효** 한방
- ✓ 합격에 **직효**
- ✓ 노화방지에 **직효**

모두 잘못된 표기입니다. '즉효'의 첫 번째 한자는

'즉시', '즉각'의 '즉'이거든요. 정확한 표기를 위하여 '즉효'라는 말의 구성을 살펴볼까요?

음	즉(卽)	효(效)
뜻	곧, 금방	나타나다
관련 단어	즉시, 즉각, 즉발	효력, 효험, 무효
전체 뜻	곧장 나타나는 긍정적 반응	

'즉효'를 '직효'라고 적는 데는 비슷한 말이 간섭한 원인이 크다고 볼 수 있습니다. '즉효'와 비슷한 의미의 한자어로 '직방(直放)'이 있거든요.

음	직(直)	방(放)
뜻	곧다	나타나다
전체 뜻	곧장 나타나는 긍정적 반응	

이 '직방'과 '즉효'라는 말이 섞이면서 '직효'라는 잘못된 표기가 나타난 것입니다. '직방'과 '즉효'를 닮은 말로 함께 기억하면 이런 오류를 줄일 수 있을 것입니다.

09

'외소하다'

연우는 **왜소한** 체격에 비해 힘이 정말 세다.

현대 우리말 모음 중 '왜', '웨'의 발음 구분은 특히 어렵습니다. '왜'의 발음은 [wɛ]이고, '웨'는 [we]입니다. 우리말의 '애'와 '에'의 발음상 거리가 가까워지는 변화를 겪고 있기 때문에 이 역시 구분하기 어려워진 것이지요. '왜', '웨'는 각각 '오＋애'와 '우＋에'거든요. 하나만 있어도 구분이 어려운데, 다른 것이 추가되었으니 더욱 어려워질 수밖에요.

거기다 요새 젊은 사람들은 '외'를 '왜'의 발음인 [wɛ]로 소리 내는 일이 많아졌어요. 표기상 '웨', '왜', '외'

를 자신의 발음만으로 구분하기 어려워졌다는 말이에
요. 때문에 '웨', '왜', '외'를 포함하는 단어들은 특별히
주의를 기울여야 합니다. 그중 대표적인 예가 '왜소하
다'입니다. '왜소'는 아래의 예와 같이 사용됩니다.

✓ **왜소**하다, **왜소**증, **왜소** 증후군, **왜소** 유전자

여기에 포함된 '왜'는 '키가 작다'라는 의미의 한자인
데, 이를 발음이 비슷한 '외'로 잘못 적는 경우가 자꾸
발생하고 있습니다.

음	왜(矮)	소(小)
뜻	키가 작다	작다
전체 뜻	보통의 경우보다 작음	

'왜소'를 '외소'라 잘못 적는 일이 많다면, 다른 단어
의 '왜' 역시 비슷한 오류를 겪을 수 있겠네요. 그러니
'왜'를 가진 다른 말도 함께 살펴봅시다. 그 대표적인
예로 '왜곡'이라는 단어가 있습니다.

✓ 신화는 어느 정도 **왜곡**이 있게 마련이다.

‘오해나 곡해’라는 의미로 사용되는 ‘왜곡’은 아래와 같은 한자로 구성되어 있어요. 이 단어 역시 ‘외곡’이라 잘못 쓰지 않도록 ‘왜소, 왜곡’과 함께 기억해 두세요.

음	왜(歪)	곡(曲)
뜻	기울다, 바르지 않다	굽다, 바르지 않다
전체 뜻	사실을 바르지 않게 해석함	

10

'되려'

방귀 뀐 놈이 **되레** 성을 낸다.

'도리어'라는 말이 있습니다.

✓ 잘못한 사람이 **도리어** 큰소리를 친다.

'예상되는 생각과 반대되거나 다르게'라는 뜻을 가진 말이지요. 이것의 준말은 '되레'입니다. 이상한 일이지요? 일반적으로 '리어'가 줄어든다면 '려'가 되니까요. 다음과 같이 흔히 일어나는 일이죠.

✔ 그리어→그려

✔ 내리어→내려

✔ 버리어→버려

✔ 알리어→알려

이 질서대로라면 '도리어'의 준말은 '도려'가 되어야 합니다. 하지만 그렇지만도 않아요. 일단 차이에 주목하세요. 위의 예들은 모두 '그리+어', '내리+어'와 같은 결합으로 발생합니다. 우리말에서 이런 결합은 같은 질서로 움직이지요. 그것이 문법이고요. 하지만 '도리어'는 그런 결합 관계를 따르지 않는 예외입니다. 단지 하나의 단어에서 일어난 일이죠.

이런 경우 우리가 이 말을 어떻게 쓰는가에 관심을 두어야 합니다. 국립국어원에서 전국의 방언을 조사한 결과에 따르면 '도리어'의 준말은 '되레'로도 나타나고, '되려'로도 나타난다고 합니다. 이런 전국 단위의 대대적인 조사 연구는 우리가 어떤 말을 더 많이 쓰는지, 어떤 말이 우리의 어법을 반영하는지를 밝히는 과정입니다. 언어정책연구자들이 조사 결과를 토대로 연구하여, 이 중 더 많이 사용되는 '되레'를 표준어로 삼고, 이를 소리 나는 대로 적은 '되레'가 올바른 맞춤법이 된 것입니다.

여러분이 이 단어를 통해 하나의 단어 안에서만 일어나는 일과 모든 한국어에 걸쳐 일어나는 일을 구분할 수 있게 되었으면 합니다. 당연히 전면적으로 일어나는 일이 더 중요하다는 사실도 알게 되면 좋겠네요.

11

'우뢰'

비가 많이 내리더니 **우레**가 치기 시작했다.

우리말 어휘에는 한자어가 정말 많이 포함되어 있어요. 때문에 가끔은 원래 순우리말조차 한자어로 잘못 인식하는 경우가 많습니다. 대표적인 것이 '우레'입니다. 이 말은 '울+에'로, '울다'에 명사를 만드는 '에'가 붙은 단어예요. 세종대왕 시절의 책에도 나온 말이지요.

> ✓ 말와 저울와로 눔 소기면 시혹 울에 마자 죽ᄂᆞ니
>
> 《석보상절, 1447년》 중에서
>
> 현대역: 말(곡식을 다는 단위)이나 저울로 남을 속이면 때때
>
> 로 **우레** 맞아 죽느니

그런데 이 '우레'가 순우리말이라 생각지 못하고 한자어를 맞춰 끼운 것이 바로 잘못된 표기 '우뢰(雨雷)'입니다. '비 우(雨)'에 '우레 뢰(雷)'를 조합한 것이에요. 당연히 '우뢰'는 올바른 말도 아니고 사전에 실려 있지도 않습니다. 재미있는 것은 1992년까지 방송되었던 한 어린이 드라마의 제목이 「우뢰매」였다는 점이죠. '우레'라는 우리말을 한자어로 생각하는 것이 생각보다 흔한 일이라는 것을 알 수 있어요. 고유어와 한자어, 고유어와 외래어를 구분하는 일에도 관심을 가져야 한다는 점을 보여주는 좋은 사례입니다.

요새는 '우뢰'라는 말을 잘 쓰지 않습니다. '우레'라는 말도 잘 사용하지 않게 되었기 때문입니다. 대신 같은 의미인 '천둥'을 더 많이 쓰지요. '천둥'은 '천동(天

動)'이라는 한자어에서 온 말입니다. '우레' 대신 '천둥'을 더 많이 쓰면 고유어가 한자어에 의해 밀려나게 되는 거예요. 한자어가 순우리말을 대체하게 두지 마세요. 적절한 위치에 고유어를 자주 사용하면, 즉 적절하게 '우레'라는 말을 자주 쓰면 그것이 고유어를 지키는 사소하고도 효과적인 습관이 된답니다.

12

'케익'

딸기 **케이크**, 치즈 **케이크**, 고구마 **케이크**를 샀다.

우리는 주로 영어로부터 온 외래어를 생각보다 많이 씁니다. 그런데 이를 표기할 때 정확한지 고민될 때가 꽤 많습니다. 외래어의 받침을 적을 때 그것이 옳은지 확인하는 가장 쉬운 방법은 우리의 발음을 확인하는 것입니다.

✓ pocket을 → [포케슬] → pocket의 표기: 포켓

✓ robot을 → [로보슬] → robot의 표기: 로봇

외래어를 우리말로 표기할 때는 받침을 7개만 활용합니다. 'ㄱ, ㄷ, ㅂ, ㄴ, ㄹ, ㅁ, ㅇ'이 그것입니다. 이는 우리말의 원리를 반영한 것입니다. 우리말에서도 이 7개의 받침만 발음할 수 있으니까요. 그리고 모음 조사 '-이'나 '-을'을 붙여서 넘어오는 받침을 앞말에 적으면 됩니다. 역시 우리말 원리 그대로죠. 'pocket 을'은 [포케슬]이라고 발음되니까 [슬]의 'ㅅ'을 앞말 [케]에 옮겨 '포켓'이라 적습니다. 여기까지는 우리말의 원리를 외래어 표기법에 그대로 반영한 것입니다.

그렇다면 'cake을', 'cake이'는 각각 [케이글], [케이기]로 소리 나니 '케익'이라고 적어야 할까요? 실제로 이렇게 표기하는 경우가 많습니다만, 전부 잘못된 표기입니다. 위의 '포켓'과 '로봇'은 영어 원음이 짧은 모음이에요. 그런데 'cake'는 원음이 [keɪk]로 이중모음입니다. 그 원음을 존중하여 단어 끝에 'ㅡ'를 넣고 '케이크'라고 적는 거예요. 이와 같은 원리로 '으'를 붙여 적는 단어에는 다음과 같은 것들이 있습니다.

✔ stamp[stæmp] → 스탬프

✔ cape[keip] → 케이프

✔ part[pɑːt] → 파트

✔ desk[desk] → 데스크

✔ make[meik] → 메이크

✔ mattress[mætris] → 매트리스

13

'곤욕' 그리고 '곤혹'

서류 제출이 늦어 **곤혹**, 의도적 행동이라는 **곤욕**.

'곤욕(困辱)'과 '곤혹(困惑)'은 모두 올바른 말입니다. 다만 의미가 조금 다르기 때문에 상황에 맞게 사용하는 것이 중요합니다. 두 단어에 포함된 '곤(困)'은 같은 한자입니다. 글자 모양을 보세요.

곤할 곤

나무가 네모로 된 테두리에 갇혀 있잖아요. 나무로서는 매우 괴롭고 지치겠지요. 그래서 곤(困)이 포함된 '피곤', '곤경', '곤란'과 같은 단어는 모두 괴롭고 지친다는 의미를 가졌어요. '곤혹', 곤욕'도 마찬가지지요. 때문에 이 두 단어의 의미 차이는 '혹'과 '욕'에 있습니다.

먼저 '곤욕'의 구성부터 살펴보겠습니다.

음	곤(困)	욕(辱)
뜻	피곤하다, 괴롭다	수치스럽다
관련 단어	피곤, 곤경, 곤란	치욕, 모욕, 욕설
전체 뜻	심한 모욕, 참기 힘든 일	

'곤욕'의 '욕(辱)'은 '욕설, 치욕, 모욕'의 '욕'입니다. 따라서 '곤욕'은 심한 모욕을 당하거나 참기 힘든 일을 할 때 쓰이며, 주로 '곤욕스럽다'라고 표현합니다. 비슷한 말로는 '수치스럽다'가 있습니다. 그 일 때문에 괴로운 상황을 가리키지요.

'곤혹'은 조금 다릅니다.

음	곤(困)	혹(惑)
뜻	피곤하다, 괴롭다	미혹하다, 의심하다
관련 단어	피곤, 곤경, 곤란	유혹, 의혹, 당혹
전체 뜻	곤란한 일로 어찌할 바를 모름	

'곤욕'의 '욕(혹(惑))'은 '유혹, 당혹, 의혹'의 '혹'입니다. 즉, 곤욕은 곤란한 일을 당해 의심하고 이리저리 유혹당하는 상황을 가리키는 말입니다. 어찌할 바를 모르는 감정, '당황스러움'이 들어 있다고 생각하면 됩니다. 두 단어가 헷갈릴 때에는 이 차이에 주목하면 구분하기에 어렵지 않답니다.

14

'심난하다' 그리고 '심란하다'

> ✎
>
> 이럴 수도 저럴 수도 없으니 **심란하다, 심란해.**

마음이 뒤숭숭하고 생각이 안정되지 않을 때 '심란하다'는 표현을 쓰곤 합니다. 이는 아주 자주 사용되는 표현인데요, 이를 '심난하다'라고 적으면 전혀 다른 뜻이 되니 주의해야 합니다.

일단 '심란'에서 '심'은 '마음 심(心)'이에요. 이 말에 이미 '마음'이 포함되어 있으니 '마음이 심란하다'와 같이 표현하는 것이 삼가는 것이 좋겠어요. 중복 표현이니까요.

'심란'의 두 번째 글자인 '란'은 '난리, 소란'에도 쓰이는 '란(亂)'으로, '어지럽다'라는 의미를 가졌어요. 그래서 '마음이 어수선하다'는 의미를 갖게 되는 것이죠.

음	심(心)	란(亂)
뜻	마음	어지럽다, 어수선하다
관련 단어	무심, 인심, 안심	난리, 반란, 혼란, 소란, 곤란
전체 뜻	마음이 어수선함	

여기서 '란'은 원래 음이 '란'이지만 첫 글자로 올 때는 '난'으로 소리 나고 이를 표기에도 반영합니다.

✔ 난리(亂離), 난세(亂世), 난시(亂視), 난장판(亂場), 난중일기(亂中日記)

'심란하다'의 경우는 '란'이 단어의 첫글자로 오는 것이 아니니 원음을 밝혀 '심란'이라고 적어야 합니다. 한편 우리말에 '심난하다'라는 단어가 있긴 합니다만, '심란하다'와는 뜻이 다르고 쓰임도 많지 않습니다. '심난'의 구조를 살펴볼까요?

음	심(甚)	난(難)
뜻	심하다, 깊다, 사납다	어렵다, 싫어하다, 근심
관련 단어	심대, 심원, 후회막심	난감, 난항, 난민, 비난, 고난
전체 뜻	매우 어려움	

'심난하다'의 '심'은 마음 심이 아닌 '깊을 심(甚)'입니다.

✔ **심심(甚深)한 사과를 올립니다.**　예) 깊이 사과함

'심심한 사과'의 첫 글자 '심'은 '심난'의 첫 글자와 같습니다. 그리고 두 번째 글자인 '난'은 '난감, 난항, 비난', '고난'에 쓰이는 한자로, 원음이 '난'입니다. 매우 어렵다는 것을 강조하는 말이죠. 그래서 흔히 사용하는 맥락인 '마음이 어지러움'의 상황에는 '심란하다'를 사용하는 것이 올바릅니다.

15

'황당무개'

황당무계가 '개념 없다'에서 온 말이라고 생각하지 말았으면 좋겠다.

'황당무계(荒唐無稽)'는 어이없거나 터무니없는 일을 당했을 때 '황당무계하다'라는 표현으로 사용됩니다. 물론 한자어이고요.

음	황(荒)	당(唐)	무(無)	계(稽)
뜻	거칠다	허풍	없다	헤아리다, 근거
관련 단어	허황, 황량	당황	무념, 무상	골계
전체 뜻	말이나 행동에 근거가 없음			

'황당무계'에서 유독 어려운 한자는 '헤아리다, 사고하다'라는 의미를 가진 '상고할 계(稽)'입니다. '황당'은 하나의 단어로 자주 쓰이는 말인 데다가 '없을 무(無)'도 정말 많이 쓰는 한자이니까요. 때문에 어려운 한자 '계(稽)'만 '개'로 바꾸어 '황당무개'로 적는 일이 많아졌어요.

이런 오류 표기에 관여한 말 중 하나는 '무개념(無槪念)'입니다. 이는 '생각이 없는 행동이나 그 행동을 하는 사람'을 가리키는 말인데요. 요사이 어마어마하게 많이 사용되고 있습니다.

✔ **무개념** 주차, **무개념** 주행, **무개념** 인턴, **무개념** 행정,
　무개념 관광, **무개념** 피서, **무개념** 시민

특정 용어를 많이 사용하다 보면 그 말의 힘이 강력해져서 그것과 관련 없는 다른 말에도 영향을 미치게 됩니다. '무개념'의 영향을 받아 '황당무계'가 '황당무개'가 되면 '개념이 없어 황당함'이라는 의미가 되고마는 것이죠. 이런 변화는 자연스러운 일이기도 해요.

하지만 이는 우리의 사고를 단순하게 만듭니다. 우

리가 '무개념'이라고 부르는 것들은 보다 복잡한 사안을 가지고 있잖아요. 그런데 '무계'에는 '깊이 헤아리지 않은', '근거를 가지지 않는'이라는 의미가 있습니다. 이를 '개념이 없다'로 묶어 버리면 다양한 사안을 획일적으로 해석되게 되는 것이죠. 인간이 맞이하는 상황이나 감정, 지성은 생각보다 복잡하고 다단하거든요. 이를 정확히 표현할 수 있는 다양하고 구체적인 어휘가 필요할 때도 있는 법입니다. 모든 것을 '무개념'이라 획일화하는 평평한 접근에 주의해야 해요. 그래야 언어를 통한 성장이 가능해집니다.

16

'바꼈다'

맞춤법이 **바뀌었다고** 화낼 필요는 없어.

'바뀌었다'를 '바꼈다'로 잘못 쓰는 일이 아주 많아지고 있어요.

✓ 그새 시간이 **바꼈네요**(×) → 그새 시간이 **바뀌었네요**(○)

발음을 편하게 하려면 복잡한 것을 단순하게 만들어야 합니다. 가장 약한 것을 탈락시키면 발음이 쉬워지거든요.

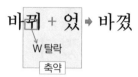

'ᅱ'의 발음을 자세히 살펴볼까요? 이것은 [wi]라고 적을 수 있습니다. 여기서 [w]는 '반모음'이라고 해요. 국어에는 'ㅑ, ㅕ, ㅛ, ㅠ'의 앞에 놓이는 [y]와, 'ㅘ, ㅝ, ㅙ, ㅞ'의 앞에 놓이는 [w]가 있어요. 이것들은 모음 안에만 있습니다. 때문에 이 반모음만 가리키려 할 때는 [y]나 [w]라고 적습니다. 눈치채셨나요? 이러한 반모음은 원모음보다 약하기 때문에 발음을 편하게 하기 위해 탈락시키는 일이 많아요. [ᅱ]에서 [w]가 탈락하면 [ᅵ]가 되겠네요. 그리고 이 [ᅵ]가 어미 '었'과 합쳐진 잘못된 표기가 바로 '바꼈다'입니다. 편하게 발음한 소리를 그대로 반영한 것이죠.

이렇게 적으면 발음하기에는 편해지지만, '바뀌다'라는 의미를 전달하는 데에는 실패합니다. 따라서 기본형의 모양을 유지하여 '바뀌었다'로 적어야만 의미 전달이 분명해집니다.

중요한 것은 모음 '위'를 가진 다른 단어 역시 비슷

한 일을 겪을 수 있다는 것입니다. '사귀다'를 보세요. 역시 '위'를 가진 단어입니다. 때문에 '사귀었다'를 '사겼다'라고 잘못 쓰지 않도록 주의해야 합니다. 이렇게 비슷한 환경에 놓인 것들을 함께 생각하고 적용해 본다면 맞춤법을 좀 더 쉽게 익힐 수 있어요.

17

'익숙치'

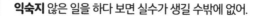

익숙지 않은 일을 하다 보면 실수가 생길 수밖에 없어.

'익숙지'는 '익숙하다'에서 줄어든 말인데, 이를 '익숙치'라고 잘못 적는 경우가 많습니다. 이런 오류가 생기는 데에는 이유가 있습니다. 비슷한 경우인 '간단하다'를 줄이면 '간단치'가 됩니다. 그런데 '익숙하다'는 '익숙지'가 맞는 말입니다. 단어마다 변형이 다르니 '-하다'에서 'ㅎ'을 남겨 뒤에 오는 자음과 합쳐 적는 것인지, 아예 '-하다'를 삭제하여 적어야 하는지 혼란스러울 수밖에요.

이를 구분하는 방법은 '-하다' 앞에 오는 말의 받침

을 보는 거예요. '-하다' 앞에 오는 말에 받침이 없거나 '유성음(ㄴ, ㄹ, ㅁ, ㅇ)'일 때는 'ㅎ'을 뒤에 오는 자음과 축약시켜 'ㅋ, ㅌ, ㅍ, ㅊ'로 적습니다. 우리말의 표기 원리에는 이렇게 유성음(ㄴ, ㄹ, ㅁ, ㅇ)과 무성음(ㅂ, ㄷ, ㄱ)을 구분하는 경우가 많아요. 유성음이 'ㄴ, ㄹ, ㅁ, ㅇ'이라는 것을 알면 구분에 도움이 되겠죠?

✓ **앞말의 받침 [ㄴ]**: 부지런하다 → 부지런타, 간편하지 → 간편치

✓ **앞말의 받침 [ㄹ]**: 분발하도록 → 분발토록

✓ **앞말의 받침 [ㅁ]**: 사임하고자 → 사임코자, 선임하지 → 선임치

✓ **앞말의 받침 [ㅇ]**: 요청하건대 → 요청컨대

✓ **앞말의 받침 없음**: 아니하다 → 아니타

이 외 자음은 받침으로 올 때 [ㄱ, ㄷ, ㅂ]으로 발음되니 이때는 '하'를 아예 없애는 방식을 택하면 됩니다.

✓ **앞말의 받침 [ㄱ]**: 넉넉하지 → 넉넉지, 익숙하지 → 익숙지

✓ **앞말의 받침 [ㄷ]**: 깨끗하지 → 깨끗지, 선듯하지 → 산뜻지

✓ **앞말의 받침 [ㅂ]**: 답답하지 → 답답지, 갑갑하지 → 갑갑지

18

'건들이다'

상대방의 감점을 함부로 **건드리면** 안 돼.

'건드리면'의 기본형은 '건드리다'입니다. 이 기본형을 보고 '건들다'가 떠올랐을 수도 있습니다. 이 '건들다'는 '건드리다'의 준말입니다. 하지만 이 준말에는 조금 복잡한 사연이 있답니다.

✔ **자음 앞**: 건드리고, 건드리자

    ↳ 준 건들고, 건들자(○)

✔ **모음 앞**: 건드리어 → 건드려

    ↳ 준 건들어(×)

준말 '건들다'는 모음 어미와 연결되는 것을 허용하지 않습니다. 좀 복잡하지요. 정리하면 이렇습니다. 우리가 본말과 준말을 모두 사용하면 둘 모두 표준어로 인정하는데, '건드리다 – 건들다'의 관계에서 준말이 모음 어미와 연결되는 것은 아직 보편화되지 않았다고 보아 인정하지 않습니다.

이 말만 그럴까요? 그렇지 않아요. '가지다', '머무르다', '서두르다', '서투르다' 역시 마찬가지입니다. 이것의 준말 '갖다', '머물다', '서둘다', '서툴다'도 모음과 연결되는 것을 허용하지 않아요.

✔ **자음 앞**: 가지고, 머무르고, 서두르고, 서투르고(○)
　　└ 𝟐 갖고, 머물고, 서둘고, 서툴고(○)

✔ **모음 앞**: 가지어, 머물러, 서둘러, 서툴러(○)
　　└ 𝟐 갖어, 머물어, 서둘어, 서툴어(×)

언어의 변화에서 모음 앞과 자음 앞의 속도가 달라서 생기는 일이에요. 모음 앞의 '머물러', '서둘러', '서툴러'의 'ㄹㄹ'이 궁금하다면 〈1장. 헷갈리기 쉬운 맞춤법〉의 '르 불규칙 용언'을 참조하면 됩니다.

이런 복잡한 사정이 있어 '건드리면'의 표기가 어려워지는 거예요. 이 말을 '건들이면'으로 잘못 적는 것은 '건드리다'와 준말 '건들다'를 혼동해 이를 혼합한 것이죠. 다행히 어떤 단어의 준말에 모음이 연결되는 것을 인정하지 않는 단어는 그리 많지 않아요. 이번 장에서 다룬 예에만 유의하면 됩니다.

19

'뗄레야'

우리가 **떼려야** 뗄 수 없는 사이라는 편견을 버리렴.

'떼려야 뗄 수 없다'라는 말은 하나의 묶임으로 자주 쓰이는 말입니다. 이런 말을 '관용구'라고 하는데요. 널리 쓰이다 보면 어원에서 먼 표기로 변화하는 일이 많아요.

✔ 스트레스는 삶과 **뗄레야** 뗄 수 없는 것이지.

└→ 떼려야(○)

원 떼려고 해야

'떼려야'는 '떼려고 해야'의 준말입니다. 여기서 '려'가 [레]로 바뀌는 일, 즉 '여'가 [에]로 바뀌는 일은 생각보다 흔합니다. '되려'를 '되레'로 잘못 표기하는 것과 같은 원리죠. 이 '떼레'에 'ㄹ'이 첨가된 표기가 '뗄레야'인 거죠. 이런 일이 이 단어에서만 일어나는 것은 아니에요. 비슷한 원리로 잘못 적는 단어의 예와 함께 살펴볼까요?

✔ **갈래야** 갈 수 없는
　└→ **가려야**(○)

　원 **가려고 해야**

'뗄레야'든 '갈래야'든, 이유 없이 'ㄹ'을 첨가한 것 보이시지요? 아래의 예시 역시 익숙한 표기일 거예요.

✔ 할려고 → 하려고(○)
✔ 둘르려고 → 두르려고(○)

이런 표기 오류를 줄이려면 단어의 기본형을 생각해야 합니다. '하다', '두르다'에 '-려고'를 연결한다고 생각하면 쉽게 '하려고', '두르려고'라고 적을 수 있을 테니까요.

20

'투고난'

신문의 독자 **투고란**에 장년층 투고가 증가했다.

'두음 법칙'이라는 말은 많이 들어 보셨지요. 이 법칙은 단어의 첫머리에서 일어난다는 것도 이제 잘 알 거예요. 이를 그대로 적용하면 '투고란'을 '투고난'이라 적지 않는 것이 당연합니다. 그런데도 우리가 자꾸 혼동하는 데에는 그만한 이유가 있어요.

✓ 투고**란**(投稿欄), 독자**란**(讀者欄), 비고**란**(備考欄)

✓ 어머니**난**, 어린이**난**, 가십**난**

'란'을 '난'으로 적는지, '란'으로 적는지는 그 단어의 구성물을 어떤 묶음으로 취급하는가에 달렸어요.

'투고', '독자', '비고'는 모두 한자어입니다. 그런데 여기에 붙은 '란'은 하나의 단어라 부르기 어려워요. '투고란' 전체가 하나의 단위인 거죠. 즉 '란'이 단어의 첫머리가 아니니 두음 법칙이 적용되지 않아요.

하지만 아래의 '어머니', '어린이', '가십'은 한자어가 아닙니다. 따라서 '어머니+란', '어린이+란', '가십+란'으로 분명한 경계가 생깁니다. 이 경계를 단어의 첫머리로 보아 두음 법칙을 적용해 '난'으로 적는 거지요. 이 경계에 주목하면 단어 내부에 보이는 두음 법칙 표기를 좀 더 쉽게 알 수 있어요.

✓ **상노인**(上老人), **중노동**(重勞動), **비논리적**(非論理的)

이들 단어는 이미 두음 법칙이 적용된 '노인', '노동', '논리적' 앞에 다른 한자가 붙은 거예요. 따라서 '노인', '노동', '논리적'이 하나의 단위이고, 그 앞에 경계가 있다고 생각하면 됩니다.

에 필 로 그

'매일 조금씩 더 나은 사람이 되자. 오늘의 내가 앞으로 남은 나날에서 가장 부족한 나이기를.'

2023년 11월 어느 수업 시간에 내건 나의 바람이다. 맞춤법을 가르치기 시작한 지도 어느덧 30년이 지났다. 긴 세월 탓인지, 아니면 나의 오만 탓인지, 수업 시간에 내게 전달되는 학생들 눈빛의 반짝임이 조금 약해졌다는 느낌이 들었다. 문득 정신을 차리고 오늘의 나를 있게 한 화두를 꺼내들었다. '오늘의 내가 앞으로 남은 나날에서 가장 부족한 나이기를!'

무엇 하나라도 더 배우겠다는 생각, 그리고 그 배움을 수업을 통해, 책을 통해 공유하겠다는 다짐이 반영된 말이다. 맞춤법을 가르치면서, 또 책을 쓰면서 가장 좋은 점은 주변에서 만나는 모든 언어가 자료가 된다는 것이다. 이것이 내가 언어 질서를 배우는 첫 번째 단계다. 이 단계는 우리가 가진 언어의 질서를 발견하는 데 도움을 주는 중요한 과정이다. 더 나은 내일에 대해 각오를 다진 이후 배운 은어가 있는데, 바로 '상타치'이다.

> ✓ 상타치: 평균 이상의 효과를 줌. 때때로 'ㅅㅌㅊ'으로 쓰이기도 함(표준어 아님!)

흔히 '웬만한 수준'을 뜻하는 말 '평타 친다'로부터 출발한 신조어다. '평타'에 대한 상위 수준으로 '상타'를, 하위 수준으로 '하타'를 고려하여 '상타치:평타치:하타치'라는 신조어의 짝이 완성되었고, 이 말이 유행되면서 'ㅅㅌㅊ:ㅍㅌㅊ:ㅎㅌㅊ'로도 나타나게 된 것이다. 물론 이 말의 수명은 길지 않을 것이다. 우리는 '상:중:하'라는 위계에 더 익숙하고, 기본형 '치다'에서 '치'만으로 무엇을 구성하는 것은 우리말의 현대적 질서가 아니기 때문이다. 우리말의 본질적 질서를 어기는 말들은 한때의 유행어로 남는 것이 일반적이다.

이처럼 우리는 신조어를 만들 때조차 지금까지 이 책에서 중요하게 다루었던 사고방식을 적용하고 있다. 이 책의 시작점에서 맞춤법 공부를 위해 세 가지 사고에 주목하자고 했다.

- ✓ **함께 생각하기**
- ✓ **원리 생각하기**(위계 생각하기)
- ✓ **스스로에 대해 생각하기**

'ㅅㅌㅊ'라는 말이 만들어지는 데에는 이 세 가지 중에 두 가지가 적용되었다. 함께 놓이는 단어들 간의 관계를 생각한 말이었고, 단어들 간의 위계 또한 반영되었다. 물론 한국어의 단어 생성 원리와는 거리가 있기에 오래 쓰일지 보장할 수 없지만 말이다. 그렇다면, 마지막으로 '스스로에 대한 생각'이 관여할 여지가 남았다. 우리 스스로 맞춤법 공부와 '상타치'라는 단어와의 상관성을 따져보는 것 말이다.

인간다움이 고귀한 이유는 그 상한선이 존재하지 않기 때문이라고 한다. 언어와 관련된 사고 능력 역시 마찬가지다. 애초에 상한선을 정한다는 것이 불가능하다. 국어사전의 단어는 약 60만 개지만, 그 단어들로 우리가 어떤 문장을 어떻게 산출할지, 그 값은 거의 무한대에 가깝다. 게다가 지금 이 순간에도 언어는 계속 변화하고 있다.

변화 가능성, 또 열린 잠재력을 가졌기에 우리의 언어 공부에는 '상타치'와 같은 기준점이 존재하지 않는다. 이 말은 우리가 언어에 대해 사고하며 발견할 수 있는 잠재력, 성장 가능성이 무한대임을 의미한다. 그렇기에 감히 소망한다. 오늘의 내가 평생 가장 부족한 나이기를. 그리고 내가 배운 중요한 것들을 많은 사람들과 오랜시간 공유할 수 있기를.

절대 틀리면 안 되는 맞춤법 100

초판 1쇄 발행 2024년 2월 28일

지은이   김남미
펴낸이   최현준

편집   구주연
디자인   김소영

펴낸곳   빌리버튼
출판등록   제 2016-000166호
주소   서울시 마포구 월드컵로 10길 28, 201호
전화   02-338-9271
팩스   02-338-9272
메일   contents@billybutton.co.kr

ISBN   979-11-92999-29-6 (03710)

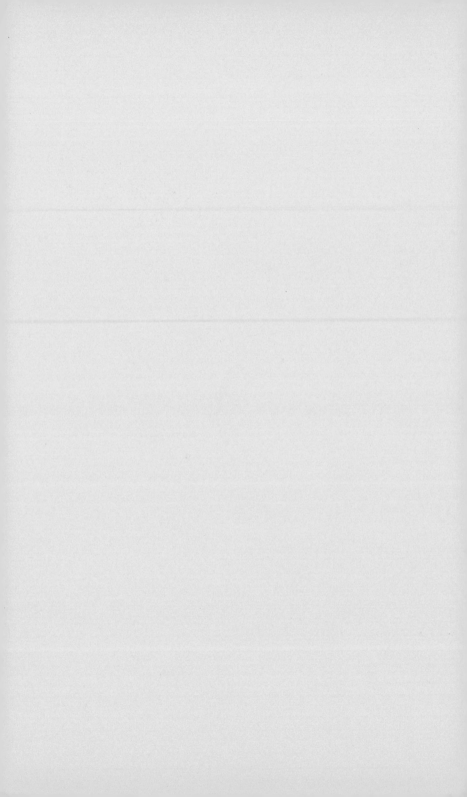